公用事业
价格规制的法律框架

GONGYONG SHIYE
JIAGE GUIZHI DE FALÜ KUANGJIA

尹少成 ◎ 著

中国政法大学出版社
2022·北京

声　明　　1. 版权所有，侵权必究。

　　　　　2. 如有缺页、倒装问题，由出版社负责退换。

图书在版编目（ＣＩＰ）数据

公用事业价格规制的法律框架/尹少成著. —北京：中国政法大学出版社，2022.8
ISBN 978-7-5764-0641-2

Ⅰ.①公… Ⅱ.①尹… Ⅲ.①公用事业—价格—行政管理—研究—中国 Ⅳ.①D922.294.4②D922.114

中国版本图书馆CIP数据核字(2022)第155563号

出 版 者	中国政法大学出版社
地　　址	北京市海淀区西土城路 25 号
邮寄地址	北京 100088 信箱 8034 分箱　邮编 100088
网　　址	http://www.cuplpress.com（网络实名：中国政法大学出版社）
电　　话	010-58908441(编辑部) 58908334(邮购部)
承　　印	北京九州迅驰传媒文化有限公司
开　　本	880mm×1230mm　1/32
印　　张	6.75
字　　数	160 千字
版　　次	2022 年 8 月第 1 版
印　　次	2022 年 8 月第 1 次印刷
定　　价	30.00 元

目录

第一章　公用事业价格规制的基本理论及法律框架　003
第一节　基本概念界定　003
一、公用事业　004
二、规制　013
三、价格规制　027
第二节　价格规制在公用事业政府规制中的定位　037
一、历史考察：我国公用事业价格改革的历程　038
二、价格改革成为公用事业市场化改革的方向　048
三、价格规制较之其他经济性规制手段的优势　050
四、价格规制在公用事业政府规制中的重新定位　052
第三节　公用事业价格规制的法律框架　053
一、公用事业价格规制的理念　054
二、公用事业价格规制的主体　056
三、公用事业价格规制的方式　057
四、公用事业价格规制的程序　059
五、公用事业价格规制的监督与救济　060

第二章　理念革新：公用事业价格的市场化转型及其规制创新 …… 061

第一节　价格规制理念变迁：从严格规制到放松规制 …………… 062
　一、传统价格规制理念：严格规制 ……………………………… 063
　二、现代价格规制理念：放松规制 ……………………………… 067

第二节　价格规制目标之争：从公共利益到私人利益的平衡 …… 071
　一、公共利益理论与私人利益理论之争 ………………………… 071
　二、公共利益理论下的价格规制目标 …………………………… 074
　三、私人利益理论下的价格规制目标 …………………………… 076
　四、放松规制理念下的价格规制目标重构 ……………………… 078

第三节　价格规制理念革新：市场化转型及其规制创新 ………… 080
　一、重新定位政府与市场之间的关系 …………………………… 080
　二、充分发挥市场在公用事业定价中的作用 …………………… 085
　三、规制理念革新与规制创新 …………………………………… 086

第三章　主体重构：构建独立、公正、权威的公用事业价格规制机构 …… 088

第一节　公用事业价格规制机构的设置模式 ……………………… 088
　一、合并型模式 …………………………………………………… 089
　二、独立型模式 …………………………………………………… 091
　三、隶属型模式 …………………………………………………… 093

第二节　我国公用事业价格规制机构的现状及问题 ……………… 094
　一、我国公用事业价格规制机构的现状 ………………………… 095
　二、我国公用事业价格规制机构存在的问题 …………………… 098

第三节　独立、公正、权威的公用事业价格规制机构的构建 …… 101

一、价格规制机构设置模式的选择 …………………… 101
二、价格规制机构的设置原则 ………………………… 102
三、重构我国公用事业价格规制机构的路径 ………… 105

第四章 方式转型：公用事业定价机制的改革及多种规制方式的协调 …………………………………………… 110

第一节 传统方式：政府定价为主、政府指导价为辅 ………… 110
一、《价格法》背景下我国公用事业的定价模式 …………… 111
二、政府定价模式存在的主要问题 …………………………… 122

第二节 未来转型：市场调节价为主、政府指导价为辅 ……… 125
一、逐步缩小政府定价和政府指导价的适用范围 …………… 125
二、形成以市场调节价为主、政府指导价为辅的定价机制 ………………………………………………… 127

第三节 定价模式的选择与价格成本监审制度的完善 ………… 128
一、公用事业定价模式的选择 ………………………………… 128
二、公用事业价格成本监审制度的完善 ……………………… 133

第四节 价格规制与反垄断、反不正当竞争等规制方式的协调 … 140
一、价格规制与反垄断、反不正当竞争规制方式的关系 …… 141
二、充分发挥反垄断、反不正当竞争规制方式的作用 ……… 142

第五章 正当程序：公用事业价格规制的正当性与合法性保障 ………………………………………………… 144

第一节 明确价格规制中的正当程序 …………………………… 144
一、正当程序的法律价值 ……………………………………… 146
二、公用事业价格规制的程序构造 …………………………… 147

三、公用事业价格规制程序的完善 …………………… 149
第二节 强化价格规制中的信息公开 ……………………… 150
一、信息公开在价格规制中的定位 …………………… 150
二、价格规制中信息公开的现状与不足 ……………… 151
三、价格规制中信息公开的完善 ……………………… 155
第三节 保障公众参与：完善价格听证 …………………… 158
一、听证制度在我国价格规制中的引入 ……………… 159
二、我国公用事业价格听证面临的主要问题 ………… 164
三、我国公用事业价格听证的完善建议 ……………… 174

第六章 监督与救济：完善价格规制的事后保障机制 …… 184

第一节 建立规范、透明的公用事业政府补贴制度 ……… 184
一、公用事业政府补贴的正当性 ……………………… 185
二、公用事业政府补贴存在的问题 …………………… 186
三、公用事业政府补贴的完善 ………………………… 187
第二节 完善公用事业价格规制中的法律救济 …………… 188
一、行政复议与行政诉讼的适用 ……………………… 189
二、行政公益诉讼的引入 ……………………………… 190

结 论 …………………………………………………………… 191

参考文献 ………………………………………………………… 193

后 记 …………………………………………………………… 203

公用事业具有自然垄断性、网络性、公用和公益性、政府干预性等特征。因此，确保公众以合理的价格获得安全、可靠的公用事业服务既是现代社会的基本要求，也是政府的当然职责。然而，随着公用事业民营化的浪潮席卷全球，政府对公用事业的规制进入了一个新的历史时期。在市场经济背景下，价格规制在众多规制手段中占据着越来越重要的地位。由于公用事业本身的特殊性，肩负着为公众提供公共产品和服务的使命，甚至提供着"普遍服务"性质的产品和服务，这在很大程度上使得公用事业领域价格机制与其他领域存在较大不同，从而相应的价格规制也需要作出调整。

在法治国家、法治政府、法治社会一体建设的时代背景下，价格规制离不开法律的保驾护航。从法学视角特别是行政法视角看，公用事业价格规制需要正确处理好政府与市场之间的关系，并通过法律手段予以实现。应不断转变规制理念、构建独立规制机构、运用科学规制手段、坚守规制程序的正当性和完善规制监督与救济，进而努力构建一套科学、合理的价格规制法律框架体系，从而为当前公用事业改革提供理论指引和法治保障。

第一章
公用事业价格规制的基本理论及法律框架

尽管我们对公用事业改革已经基本达成共识，并在实践中不断推进，但是，理论上对公用事业、规制、价格规制等基本概念问题仍存在不够明晰之处，因而界定相关基本概念将是本研究的基础。价格规制作为公用事业规制的重要手段之一，如何对其作出科学定位，将直接影响公用事业价格规制法律框架的构建。因此，有必要首先对公用事业价格规制基础概念、理论进行梳理，进而对价格规制在公用事业政府规制中的定位予以界定。在此基础上，结合我国公用事业改革的现状，构建符合我国国情的公用事业价格规制的法律框架。

第一节 基本概念界定

概念乃是解决法律问题所必需的和必不可少的工具。没有限定严格的专门概念，我们便不能清楚地和理性地思考法律问题。[1] 理论上，无论是公用事业还是规制，其内涵与外延都仍然存在一定分歧。因而，在学理上对相关概念进行系统梳理和专门界定，可以为本研究的展开奠定基础和扫除障碍。

---

[1] [美] E. 博登海默著，邓正来译：《法理学：法律哲学与法律方法》，中国政法大学出版社 1999 年版，第 486 页。

一、公用事业

(一) 公用事业的概念与范围

"公用事业"一词源自英文中的"Public Utilities",其字面意思是公用设施。按照《韦氏英文大辞典》的释义,"公用事业"是指"提供某种基本的公共服务并且受政府规制的行业"。[1]《不列颠百科全书》对公用事业的界定是:"为公众提供某些服务的企业。"[2]《牛津现代高级英汉双解词典》将公用事业界定为:"为公众提供水、煤气、电力、交通、通信等相关服务或产品的组织。"[3]《科林斯经济学辞典》认为,公用事业是"提供水、电、煤气等必需的产品或服务的企业"。[4]《布莱克法律词典》将公用事业界定为:"向公众持续性地提供诸如电力、煤气、自来水、交通、电话电报服务等公众所需的一些重要的商品或服务的一种行业或服务业。"[5]在上述基本辞典和专业辞典中,公用事业都被界定为提供水、电、煤气、电力等公众所必需的产品或服务的行业或企业。

美国著名公共经济学家詹姆士·邦布里特认为公用事业可以划分为两种类型,即那些"在供应厂商与公众消费者地域之间通

---

[1] *Webster's Unabridged Dictionary*, Random House, 1998, p.1563.

[2]《不列颠百科全书》(国际中文版)(第14卷),中国大百科全书出版社1999年版,第7页。

[3] 张芳杰主编:《牛津现代高级英汉双解词典》(第三版),牛津大学出版社1984年版,第917页。

[4] [美] 克利斯托夫·帕斯、布赖恩·洛斯、莱斯利·戴维斯著,罗汉等译:《科林斯经济学辞典》(第3版),上海财经大学出版社2008年版,第604—605页。

[5] Henry Campell Black, M. A., *Black's Law Dictionary*, Fifth Edition, West Publishing, 1979, pp.1108-1109.

过某种耐久性有形设施，直接或间接地提供持续性或重复性服务的产业以及公共运输业"。[1]A.卡恩教授认为公用事业部门总是出现在"只要竞争就不能够实现的地方"。[2]也有学者认为："通过网络提供传统公共服务的产业，如电信、电力、煤气和供水服务等，通常就具有自然垄断的特征，习惯上称其为公用事业（public utilities）。"[3]

在我国，辞典（词典）关于公用事业概念的表述与国外类似。例如，《现代汉语词典》将公用事业界定为："城市和乡镇中供居民使用的电报、电话、电灯、自来水、公共交通等企业的统称。"[4]《辞海》则将公用事业表述为："城市中为适应公众的物质生活需要而经营的各种事业。如自来水、电力、煤气供应、城市公共交通（电车、公共汽车、轮渡等），以及住宅、道路等。"[5]《北京大学法学百科全书：经济法学》将公用事业界定为："人们日常生活和生产所必需的各项事业的总称。包括环境卫生与安全，交通运输，水、电、气、热的生产、供应与分配等内容。"[6]《元照英美法词典》认为公用事业或公用事业企业是"指以实现实质性的公用服务为目的的企业，其业务受政府监管"。[7]

---

〔1〕 James C. Bonbright, *Principles of Public Utility Rates*, Columbia University Press, 1961, p. 4.

〔2〕 Kahn, A. E., *The Economics of Regulation: Principles and Institutions*, Wiley, Vol. 1, 1970, p. 13.

〔3〕 [美]J.卡布尔主编，于立、张嫚、王小兰译：《产业经济学前沿问题》，中国税务出版社、北京腾图电子出版社2000年版，第229页。

〔4〕 中国社会科学院语言研究所词典编辑室编：《现代汉语词典》，商务印书馆1978年版，第380页。

〔5〕 辞海编辑委员会：《辞海》（缩印本），上海辞书出版社1980年版，第281页。

〔6〕 北京大学法学百科全书编委会：《北京大学法学百科全书：经济法学》，北京大学出版社2007年版，第264页。

〔7〕 薛波主编：《元照英美法词典》，法律出版社2003年版，第1391页。

国内理论界也尚未对公用事业的内涵形成统一认识。有学者认为："公用事业大致而言是指为公众或不特定的多数人提供产品或服务，或由他们使用的业务或行业。"[1]也有学者认为："所谓公用事业，意指为公众或不特定人群使用，具有一定目标、规模和系统，对社会发展产生影响的产品或服务的活动和行业。"[2]有人认为："公用事业是指通过基础设施向个人和组织提供普遍必需品和服务的产业，从广义来讲，包括电力、电信、邮政、铁路、有线电视、燃气、供热、供水和污水处理、公共交通、垃圾回收及处理等。"[3]也有人认为："公用事业是指一个国家或地区起基础性作用，满足社会公共需要的基础设施和服务，受公共利益影响的产业及其活动。"[4]还有学者认为，所谓公用事业，是指事业所提供的商品或服务为社会大众基本生活所需，经营形态多为国有或受管制之私人独占产业。其内涵有狭义、广义和最广义三种：狭义之公用事业，其范围仅指经营供给电能、热能、供水、电信（电话）之事业；广义的公用事业除狭义公用事业外，尚包括公共运输，如铁路、公路、航空、邮政等；最广义的公用事业，除供给电能、热能、给水、电信及经营交通运输事业外，还包括卫生、水利等事业。

从立法层面看，对公用事业实施管制是各国政府管制的重要组成部分，也是相关法律制度所涉及的重要内容。因此，"公用事

---

[1] 史际春、肖竹："公用事业民营化及其相关法律问题研究"，载《北京大学学报（哲学社会科学版）》2004年第4期。

[2] 孙学玉、周义程："公用事业：概念与范围的厘定"，载《江苏社会科学》2007年第6期。

[3] 刘戒骄等：《公用事业：竞争、民营与监管》，经济管理出版社2007年版，第1页。

[4] 肖兴志等：《公用事业市场化与规制模式转型》，中国财政经济出版社2008年版，第3页。

业"这一术语经常出现在各国家和地区相关立法之中。不过,由于公用事业内涵丰富,范围广泛,对其进行准确界定或统一规范在立法上存在困难。从立法实践看,尽管各国家和地区基本都有与公用事业有关的立法,但仅有少数立法对公用事业进行了直接界定。[1]

《美国公用事业法》对公用事业的定义是:"所有那些直接或间接地为了公共目的,或在持有特许经营权、执照和许可的条件下,在供暖、制冷、能源、电力、给排水、垃圾处置、油品、燃气或照明等行业,由公司、机构、股份公司、合伙人、个人或财产委托人所从事的生产、储存、运输、销售和服务。"[2]《加拿大公用事业法》对公用事业的界定是:"个人、实体或企业拥有、运营、管理或控制某行政区内的设备或设施用于:①直接或间接地为公众生产、产生、储藏、传输、运送或提供电力或能源、水资源或热能;②直接或间接地为公众通过干线收集、储藏、传输、运送或提供水资源;③直接或间接地为公众通过干线搜集、处理或处置污水。"[3]

我国尚未有公用事业方面的基本立法,因此,并未对公用事业形成权威的法律定义。根据原国家工商行政管理总局于1993年颁布的《关于禁止公用企业限制竞争行为的若干规定》第2条的规定,公用事业"包括供水、供电、供热、供气、邮政、电讯、交通运输等行业"。根据原建设部于2000年发布的《城市市政公用事业利用外资暂行规定》第2条,城市市政公用事业"包括城市供水、供热、供气、公共交通、排水、污水处理、道路与

---

[1] 游钰:《公用事业反垄断利益关系研究》,法律出版社2017年版,第17页。
[2] Paul Seidenstat, *American's Water and Wastewater Industries*, Public Utilities Reports, Inc., 2000, p.260.
[3] 邢鸿飞、徐金海:《公用事业法原论》,中国方正出版社2009年版,第17页。

桥梁、市容环境卫生、垃圾处置和园林绿化等。"根据原建设部于 2002 年印发的《关于加快市政公用行业市场化进程的意见》，"市政公用行业"包括"供水、供气、供热、污水处理、垃圾处理等经营性市政公用设施的建设"以及"园林绿化、环境卫生等非经营性设施日常养护作业"。国务院于 2005 年 2 月发布的《关于鼓励支持和引导个体私营等非公有制经济发展的若干意见》将"市政公用事业"界定为"城镇供水、供气、供热、公共交通、污水垃圾处理等"。原建设部于 2004 年发布的《市政公用事业特许经营管理办法》第 2 条将公用事业界定为"城市供水、供气、供热、公共交通、污水处理、垃圾处理等行业"。

通过对理论与立法等关于公用事业概念界定的分析，不难看出，当前对公用事业的概念虽未形成统一意见，但大同小异且分歧主要是在对公用事业范围的界定上。笔者倾向于从广义上来理解公用事业的概念，即一个国家或地区通过基础设施向社会提供普遍必需品或服务的产业，包括供水、供电、供热、供气、邮政、电信、交通运输、垃圾回收及处理等。

（二）公用事业的特征

公用事业作为各国家和地区普遍存在的特殊领域，必然具有自身的独特特征。美国著名公共经济学家邦布里特将其特征总结为五个方面：①资本密集性（固定成本高昂或具有规模经济性）；②产品为必需品（社会基本品）；③产品具有不可储存性（同时受需求波动影响）；④在特定的适合地点生产；⑤与消费者具有直接紧密的关系。[1]也有学者将公用事业的特征总结为六个方

---

[1] Sanford V. Berg, *Natural Monopoly Regulation: Principles and Practice*, Cambridge University Press, 1988, p. 3.

面：①公用事业一般为自然垄断行业；②行业提供的产品或服务的价格由政府规制机构监督；③必须在消费者希望得到服务并愿意支付规定价格时提供产品或服务；④公用企业被授予特许经营权并在特定地域范围内独家经营；⑤公用事业行业需要接受包括财务、证券等方面的监督；⑥公用事业必须提供现代生活运转的基本服务。[1]

由于我国是公有制为主体的社会主义国家，公用事业在国民经济中起着基础性的支撑作用。相对于西方国家而言，我国公用事业的地位与作用更加突出，因而其特征也更为显著。笔者认为，我国公用事业的特征应当包括以下几个方面。

1. 自然垄断与行政垄断并存

当对社会而言，生产只由一个而非几个或更多的企业来进行，成本更低时，就构成了一个自然垄断。[2]现代自然垄断理论产生于19世纪中期，最早由古典经济学家约翰·穆勒（也译作"约翰·米勒"）提出，他在《政治经济学原理》一书中指出："如果伦敦的煤气、自来水由一家煤气公司和一家自来水公司垄断经营，而不是像当时那样由许多家企业竞争性经营，就会取得巨大的规模经济性。如果由一家企业经营特定的公共设施，按照当时的利润率定价就可以大大降低收费价格。"[3]传统理论一般将"市场竞争—产业集中—自然垄断"视为一种合理的经济现

---

[1] Keith M. Howe, Eugene F. Rasmussen, *Public Utility Economics and Finance*, Prentice Hall, Inc., 1982, p. 2. 转引自邢鸿飞、徐金海：《公用事业法原论》，中国方正出版社2009年版，第12页。

[2] A. E. Kahn, *The Economics of Regulation: Principles and Institutions*, Vol. 2, The MIT Press, 1971, ch. 4. 转引自［英］安东尼·奥格斯著，骆梅英译：《规制：法律形式与经济学理论》，中国人民大学出版社2008年版，第30页。

[3] 曲延芬编著：《中国自然垄断产业的产权改革与政府规制政策选择》，哈尔滨工程大学出版社2007年版，第1页。

象,这是市场竞争之后发生的必然结果。而现代学者已经开始注意到"自然垄断只是市场竞争的阶段性'结果',但总有人试图使其成为市场竞争的永久性'终结'"。[1]这既是垄断企业自身使然,也离不开政府的行政权力作用。由于自然垄断产业通常关系国计民生,政府有理由从有利于加强社会治理的角度出发,以作为或不作为的方式保障这种自然垄断的现状。而且在当前公用事业普遍由国家投资的背景下,这种行政垄断的"正当性"就显得更为突出。这造就了自然垄断与行政垄断的并存,也成为我国公用事业的首要特征。但是,随着公用事业市场化改革的不断推进,这种自然垄断和行政垄断的正当性与合理性已经受到越来越多的质疑,市场竞争机制开始不断冲击传统公用事业领域,并展现出强大的生命力。

2. 政府规制与市场竞争并存

公用事业基于其自然垄断的特征,在实践中表现为由一个或几个大型企业垄断某一公用事业领域。由于企业本身的趋利本性,为保证社会公众对公用事业的基本需求,政府必须加强对公用事业的规制。这种规制既包括企业的进入和退出、价格、服务质量等经济性规制,也包括以保障消费者安全、健康、卫生等为目的的社会性规制。政府通过运用多种规制手段,实现公用企业与消费者利益的平衡。但是,随着市场经济的深入发展,公用事业产业因其垄断性而暴露出成本高昂、效率低下等弊端,饱受社会关注与质疑。同时,因"管制俘获"[2]等原因,政府在规制过

---

[1] 周林军:《公用事业管制要论》,人民法院出版社2004年版,第59页。
[2] "管制俘获理论"由美国经济学家乔治·J. 施蒂格勒创立,它是要从经济实证分析的角度回答"为什么一个产业宁要国家权力的强制性干预……在何时,因何故能操纵国家以实现它的目的,或反过来被国家控制,实现不同的目标……管制过程在某些方面通常有利于受管制产业。当条件有利于该产业(不利于局外人)时,该产

程中可能出现权力寻租现象而影响规制实效。此外，因政府规制本身不是万能的，还可能出现"政府失灵"的局面。因此，现代公用事业的发展开始呼吁引入市场竞争机制，将市场这只"无形的手"与政府这只"有形的手"结合起来，从而提高公用事业的效率，以满足社会公众对公用事业日益增长的需求。在此背景下，现代公用事业政府规制需要在市场竞争机制中寻找平衡点，注意适当引入市场竞争机制，提高公用事业产品质量和服务水平，这种政府规制与市场竞争之间的互动关系将成为当下公用事业价格规制的新特点。

3. 国有投资仍然占据主导地位

因为公用事业覆盖范围广、辐射人数多且关系社会公众基本需求，其对企业的资金、设施、管理等都有着非常高的要求，甚至直接关系到社会和谐稳定的大局，所以其一般由国有资本投资经营，在我国则表现为大中型国有企业，以国家投资为主导。这是特定历史条件的产物。在中华人民共和国成立初期经济遭受严重破坏的情况下，国有企业为公用事业的快速发展发挥了不可磨灭的作用，体现了社会主义集中力量办大事的优越性。但是，在当前我国经济已经取得举世瞩目成就的情况下，国有企业垄断公用事业的弊端也已经开始凸显。公用事业领域的改革已经受到了国家和社会的广泛关注，其核心在于引入市场竞争机制，降低国有企业垄断比重。换言之，当前这种国有投资占主导的局面应当有所调整，即国有投资在公用事业领域的比重应当有所下降，在部分市场化水平较高的领域，可以通过 PPP 模式（政府和社会资本合作）进一步降低国有资本的比例。

（接上页）业是管制过程的主要获利者"（参见［美］乔治·J. 施蒂格勒著，潘振民译：《产业组织和政府管制》，上海三联书店 1989 年版，第 211—238 页）。

4. 具有公益性与网络性

公益性是公用事业非常重要的特征，突出体现在其所提供的基础服务和普遍服务上。具体而言，一方面，公用事业向社会输出的诸如交通、电力、通信等公共产品具有公益性，必须以社会公众能接受的价格，持续不断地提供。另一方面，对于部分普遍服务，即便利润空间有限甚至存在亏损，也仍然需要向社会公众提供，典型如邮政领域的普遍服务。虽然我国幅员辽阔、普遍服务收费较低，该类业务不可能有获利空间，但是，对社会公众所需的普遍服务，公用事业企业必须按照国家规定标准予以提供，这都是公用事业具有公益性的表现。[1]网络性则是指公用事业企业在将其产品或服务提供给消费者的过程中，必须借助相应的网络，如供水、供气的管道，交通运输的铁路、公路，等等。公用事业的这种网络性保证了其产品或服务能够快速到达消费者手中。但是，这种网络建设的成本很高且可替代性程度低，从而给市场竞争带来了无形的壁垒。其结果是，"尽管公用事业产品或服务的生产可能有多家厂商的竞争，但最终用户仍然面临垄断的卖方"。[2]公益性与垄断性的存在，使得公用事业定价及其规制与其他领域存在显著不同。过于市场化的定价，可能会损害公益性和垄断性，而完全脱离市场的定价，则会导致公用事业各领域的停滞不前，最终损害消费者的权益。

---

〔1〕 尹少成：《邮政业监管的行政法研究》，中国政法大学出版社2016年版，第184页。

〔2〕 刘戒骄等：《公用事业：竞争、民营与监管》，经济管理出版社2007年版，第2页。

二、规制

（一）规制的概念

"规制"一词源自英文 regulation。国内对 regulation 主要有三种译法："管制""监管"和"规制"。基于不同的背景和语境，三种译法均不为错。根据《现代汉语词典》的解释，"管制"指强制性管理，含有较强的管理、强制意味。"管制"一词常用于描述战争或计划经济时期，政府直接干预市场主体的活动。而在现代市场经济条件下，该译法已经越来越不合时宜。"监管"指监督或监视管理，含有保持一定距离（arm's length relationship），为保证事物正常运行而进行监督和控制之意。"监管"一词较"管制"更为柔和，比"规制"更被大众熟悉，也能贴合 regulation 的原意。尤为重要的是，在实践中，我国官方和大众已经习惯于"监管"的用法，官方文件以及新建监管机构的名称也都采用了"监管"的称谓。[1]"规制"有三层含义，即规范制约、规则制度和（建筑物）规模形制，含有基于事物原有的框架结构或运行规律，为保证其正常运转而根据一定的规则进行约束、规范或调整之意。"规制"较"管制"更能传神地表达出 regulation 中"基于规则进行控制"之意。与"监管"相比，"规制"一词虽然对大众来讲比较生涩，但是学术研究中的主流选择，特别是在"价格"这一偏经济性的范畴，规制似乎更加契合 regulation 的本意。

鉴于本研究主要集中于经济性规制中价格规制手段的运用，笔者采用"规制"的译法。但需要指出的是，由于对 regulation

---

[1] 马英娟："监管的语义辨析"，载《法学杂志》2005 年第 5 期。

存在翻译上的分歧，现有学术研究（特别是翻译）中对"管制""规制"和"监管"的使用较为混乱，为尊重作者或译者以及保证引文的准确性，本书在引用时遵照作者或译者的观点，不做专门的区分。书中如无特别说明，"管制""规制"和"监管"在同一意义上使用。

虽然政府规制实践由来已久，[1]但仍是一个极具争议的概念。正如英国著名法学家卡罗尔·哈洛与理查德·罗林斯所言，规制"是一个难以捉摸的概念：该词具有多重含义，因而对其众说纷纭"。[2]在经济学、政治学和法学领域中，规制都受到广泛研究。[3]因此，笔者认为，对经济学、政治学和法学等不同领域关于规制概念界定的梳理，有助于我们更加科学地界定法学领域中规制的概念。

1. 经济学中规制的定义

规制问题的研究最早兴起于经济学领域，因而经济学中关于规制的定义极具参考价值。经济学权威辞书《新帕尔格雷夫经济学大辞典》对规制有两种解释：①规制是指国家以经济管理的名

---

[1] 规制的概念最早可以溯源至古罗马时代，是指政府官员制定法令，允许受规制的工商企业提供基本的产品和服务。为了实现社会公平，政府为产品和服务设定"公平价格"，从而否认古老的斯多葛派的由买卖双方协商的"自然价格"的概念。譬如，在古罗马时代，戴克里先皇帝（罗马皇帝，公元284—305年在位）为好几百种商品（这些商品在其他情况下可能会被不道德的卖者支配，特别是在灾荒等极端时期）设定最高公平价格。尽管这种对工商业的指导没有被政府完全控制，但社会重要物品的价格和服务的价格完全由政府规制。See Richard F. Hirsh, *Power Loss: The Origins of Deregulation and Restructuring in the American Utility System*, The MIT Press, 1999, p. 295. 转引自王湘军：《电信业政府监管研究——行政法视角》，知识产权出版社2009年版，第31页。

[2] [英]卡罗尔·哈洛、理查德·罗林斯著，杨伟东等译：《法律与行政》（上卷），商务印书馆2004年版，第556页。

[3] [美]丹尼尔·F. 史普博著，余晖等译：《管制与市场》，上海三联书店、上海人民出版社1999年版，第26页。

第一章　公用事业价格规制的基本理论及法律框架

义进行干预；②规制，尤其是在美国，指的是政府为控制企业的价格、销售和生产决策而采取的各种行动，政府公开宣布这些行动是要努力制止不充分重视"公共利益"的私人决策。[1]A. E. 卡恩教授认为，规制是"对产业的结构及其经济绩效的主要方面的直接的政府规定，如进入控制、价格决定、服务条件及质量等。其实质是政府命令对竞争的明显取代，作为基本的制度安排，其意在维护良好的经济绩效"。[2]日本著名经济学家植草益认为："规制是指在以市场机制为基础的经济体制条件下，以矫正、改善市场机制内在问题（广义的'市场失灵'）为目的，政府干预和干涉经济主体（特别对企业）活动的行为。"[3]影响最广泛的对规制的定义来自施蒂格勒，他认为"作为一种法规（rule），规制是产业所需并主要为其利益所设计和操作的，是国家'强制权力'的运用"。[4]美国著名经济学家丹尼尔·F. 史普博在分别从经济学、政治学和法学角度对规制定义开展分析后，认为："管制是由行政机构制定并执行的直接干预市场配置机制或间接改变企业和消费者的供需决策的一般规则或特殊行为。"[5]

由此可见，经济学意义上的规制主要是政府为应对市场失灵

---

[1] [美] 约翰·伊特韦尔、默里·米尔盖特、彼得·纽曼编：《新帕尔格雷夫经济学大辞典》（第四卷：Q-Z），经济科学出版社1992年版，第129页。

[2] See Kahn, A. E., *The Economics of Regulation*: *Principles and Institutions*, Wiley, Vol. 1, 1970, pp. 3-20.

[3] [日] 植草益著，朱绍文等译：《微观规制经济学》，中国发展出版社1992年版，第19页。

[4] Stigler, G. J., "The Theory of Economic Regulation", *Bell Journal of Economics and Management Science*, Vol. 2, No. 1, 1971, p. 3.

[5] [美] 丹尼尔·F. 史普博著，余晖等译：《管制与市场》，上海三联书店、上海人民出版社1999年版，第45页。

对经济活动所采取的各种行动。施蒂格勒的定义则是独树一帜，其从规制的起源入手，将规制视为为产业利益而设计和操作，随后又将规制的范围扩展到了所有的公共—私人关系中，因而引起了研究者的广泛关注。

2. 政治学中规制的定义

规制涉及广泛的政府政策制定过程，其中包含丰富的权力运行规则，因而对政治学意义上规制内涵的界定具有重要参考价值。B. M. 米尼克认为，"规制是针对私人行为的公共行政决策，它是从公共利益出发而制定的规则"。[1]在米尼克看来，政府规制者是代理人，而消费者或利益集团则是委托人。R. 里普莱和G. 弗兰克林将规制政策分为"竞争性"与"保护性"两类："竞争性"规制政策是指政府机构对特许权或服务权的分配；"保护性"规制政策则指通过设立一系列条件来控制私人行为，进而达到保护公共利益目的的政策。[2]无论在何种情况下，具体规制政策的执行都涉及复杂的利益集团的干扰与讨价还价。K. J. 梅尔将规制定义为"政府控制市民、公司或准政府组织行为的任何企图"，进而认为"规制是与政治家寻求政治目的有关的政治过程"。[3]

综上可见，政治学意义上的规制强调规制与政治之间的密切关系，尤其强调在规制政策制定过程中利益集团间的讨价还价以

---

[1] Mitnick, B. M., *The Political Economy of Regulation*, Columbia University Press, 1980, p. 7.

[2] Ripley, R., Franklin, G., *Policy Implementation and Bureaucracy*, 2nd ed., Dorsey Press, 1986, p. 1.

[3] Meier, K. J., *Regulation: Politics, Bureaucracy, and Economics*, St. Martins Press, 1985, p. 8. 转引自［美］丹尼尔·F. 史普博著，余晖等译：《管制与市场》，上海三联书店、上海人民出版社1999年版，第37—38页。

第一章 公用事业价格规制的基本理论及法律框架

及政府通过规制对公共利益的保护。正如史普博所言:"政治科学文件对管制的经济分析会有一个重要的贡献,尤其在强调利益集团间讨价还价这一点上。"[1]这种将规制定义与政府规制政策制定过程中各种力量的博弈以及规制本身所需要保护的公共利益相结合的视角,为从法学视角研究政府规制提供了非常好的借鉴和启发。

3. 法学中规制的定义

法学上对规制的研究主要侧重于公用事业的规制政策,尤其体现在市场进入、价格规制、服务质量上。理论上,根据规制主体、范围等的不同,可以将法学中对规制的定义分为三种:广义的规制、狭义的规制和最狭义的规制。[2]

(1) 广义的规制。英国格拉斯哥大学的劳拉·麦格雷戈、托尼·普罗瑟和夏洛特·维利尔斯指出:"规制不能限于'命令—控制',也不反对市场,相反,规制经常是基于市场的需要而产生的;规制不一定由政府当局进行,也可采用私人秩序的形式。"进而指出规制应当包含三个要素:"第一,规制是对行为有意识的调整;第二,规制与市场并不矛盾,相反可以维护和支持市场;第三,规制将被制度化,但并不一定必须是正式法律,非正式规范同样重要。"[3]经济合作与发展组织将规制界定为:政府对企业、公民以及政府自身的一种限制手段,由经济性规制、社

---

[1] [美]丹尼尔·F. 史普博著,余晖等译:《管制与市场》,上海三联书店、上海人民出版社1999年版,第38页。

[2] 以下关于监管定义的分析参考了马英娟:"监管的语义辨析",载《法学杂志》2005年第5期。

[3] Laura Macgregor, Tony Prosser and Charlotte Villiers eds., *Regulation and Market Beyond 2000*, Dartmouth and Ashgate, 2000, pp. 348–349.

会性规制和行政性规制三部分组成。[1]

综上可见，广义规制即规制主体基于维护市场秩序的目的，依据法律或社会规范对经济活动进行干预和控制的活动。广义规制的范围仅限于经济活动，但其规制主体非常广泛，既可以是国家性质的国家机关，也可以是社会性质的社会组织，还可以是私人性质的个体，具体而言：①国家机关，包括立法机关、行政机关和司法机关；②行业自律组织，如快递行业协会；③私人，如企业自我规制机构等。其规制依据不仅包括国家层面的法律法规，还包括行业协会制定的章程以及企业自主制定的内部规章制度等。欧洲学者和一些国家一般采此观点，如英国电信办公室（OFTEL）1999年5月发表的《关于1999/2000年电信市场管理计划》将"规制"分为四类：专门规制机构的规制、行业自律性规制、竞争对手互相提供的行为约束和其他政府机构的规制。

(2) 狭义的规制。日本著名学者植草益是该观点的代表人物，他认为规制包括全部与广义的市场失灵相关的法律以及以法律为基础制定的公共政策。这代表了专业领域内狭义的规制定义，即以矫正和改善市场机制内在问题为目的，基于法律对经济活动进行干预和控制的活动。其规制主体仅指政府，包括立法机关、行政机关和司法机关，不包括行业自律组织和私人；规制范围涵盖整个经济领域，既包括宏观经济活动，也包括微观经济层面；规制工具既包括财政、货币、税收等宏观经济政策，也包括反垄断和反不正当竞争等间接规制工具，还包括标准制定、市场准入、价格规制、信息披露等直接规制手段。[2]

---

[1] OECD, *The OECD Report on Regulatory Reform: Synthesis*, 1997.

[2] [日] 植草益著, 朱绍文等译：《微观规制经济学》，中国发展出版社1992年版，第19—24页。

第一章　公用事业价格规制的基本理论及法律框架

（3）最狭义的规制。史普博认为："管制是由行政机构制定并执行的直接干预市场配置机制或间接改变企业和消费者的供需决策的一般规则或特殊行为。"[1]美国联邦最高法院史蒂芬·布雷耶大法官从六个方面对规制进行了概括：①服务成本费率制定；②基于历史的价格规制；③基于公共利益标准的配置；④标准制定；⑤基于历史的配置；⑥个别审查。[2]可见，最狭义的规制是指政府行政机构在市场机制的框架内，为矫正市场失灵，通过市场准入、行业标准等方式对微观经济活动的一种干预和控制。具体可以从以下几个方面理解：①规制主体仅限于政府行政机构，不包括立法机关和司法机关；②规制范围是微观经济领域内的市场失灵，不包括宏观经济领域；③规制手段兼具抽象与具体，抽象的有法律规则和法定标准等，具体的有行政许可、强制信息披露等；④规制目的是维护公平竞争、保护消费者权益以及保护和改善人类生存环境等。

美国管理和预算办公室（OMB）即采纳了这一定义，将规制定义为："政府行政机构根据法律制定并执行规章的行为。这些规章或者是一些标准，或者是一些命令，涉及的是个人、企业和其他组织能做什么和不能做什么。规制的目的是解决市场失灵，维持市场经济秩序，促进市场竞争，扩大公共福利。"[3]此外，美国大部分学者也采用该观点。

---

[1] [美] 丹尼尔·F. 史普博著，余晖等译：《管制与市场》，上海三联书店、上海人民出版社1999年版，第45页。

[2] [美] 史蒂芬·布雷耶著，李洪雷等译：《规制及其改革》，北京大学出版社2008年版，第55—193页。

[3] OMB and OIRA, *The Regulatory Plan and the Unified Agenda of Federal Regulations*, Government Printing Office, 2001.

4. 本书关于规制的定义

通过上述对经济学、政治学和法学中规制定义的分析,特别是对法学领域中关于规制的三个层面的比较与阐述(见表1-1),笔者认为,基于不同学科背景以及研究问题的视角、思路,不同领域的规制定义存在差别是在所难免的。而且,这种差异为我们从法学视角研究规制问题提供了新的有益的启发。至于法学领域中对规制的三种不同层面的界定,则是由研究者对规制主体及范围等存在认识上的差异所致,其核心也在于科学界定规制主体和规制范围。

表1-1 广义、狭义和最狭义三种规制定义的比较

规制定义	规制主体	规制范围
广义的规制	①国家机关,包括立法机关、行政机关和司法机关,甚至包括国际组织;②行业自律组织;③私人,如企业自我规制机构等。	宏观经济领域;微观经济领域
狭义的规制	仅指政府,包括立法机关、行政机关和司法机关,不包括行业自律组织和私人。	宏观经济领域;微观经济领域
最狭义的规制	政府行政机构,不包括立法机关和司法机关。	微观经济领域

笔者认为,市场经济本身可能存在市场失灵的弊端,因而需要通过规制予以矫正。但是必须看到,这种规制本身必须以市场为基础,在充分发挥市场在资源配置中的决定性作用的基础上,为弥补市场缺陷开展有效规制且必须防止政府对市场的过度干预。同时,为了弥补各种规制手段可能存在的弊端,市场经济需要一个多层次的规制体系,包括政府规制机构、行业组织、企业内部的规制机构等。一个良好的规制体系不能单靠政府规制的力

量，也需要行业组织、企业本身的支持与配合。随着市场经济的日益成熟和行业组织自治能力的提高，政府更加应当将更多的规制职能转移给市场本身及行业组织。只有市场机制难以调节以及行业组织不起作用的领域，政府规制才能进入。因此，现代政府规制要求以市场为基础，正确处理好政府与市场的关系，充分发挥行业自律作用，以实现政府更好的规制。

此外，需要进一步界定的是，政府规制的范围是仅限于微观经济领域，还是既包括微观经济领域，又包括宏观经济领域。众所周知，"宏观调控和微观规制是政府的两项主要经济职能，前者主要是通过财政、货币政策，间接的、经济总量上的调控，通过市场参数的变化，间接影响企业行为；后者则是借助法律法规直接作用于企业，直接的、个量上的规范和约束企业行为"。[1]二者虽然存在互补关系，但在目标、对象、手段、运行机制等方面都存在明显差异。[2]从专业领域的规制而言，无疑应当将规制置于一个更加具体的背景下，保证可以对规制对象实施更加直接的规制措施，从而更有效地矫正市场失灵。

因此，本书将政府规制的范围限定在微观经济领域。结合上文对规制主体的界定，笔者认为，政府规制是指政府规制机构为矫正市场失灵，在充分发挥市场机制和行业自律作用的基础上，依法运用多种手段对市场主体的微观经济活动进行干预和控制。

(二) 规制的类型

基于不同标准，规制可以分为不同类型。由于规制本身内涵

---

[1] 陈富良：《放松规制与强化规制》，上海三联书店2001年版，第6—7页。
[2] 具体可参见余晖："政府管制改革的方向"，载《战略与管理》2002年第5期；曾国安："论经济管制与宏观经济调控的关系"，载《经济评论》2003年第1期；陈富良：《放松规制与强化规制》，上海三联书店2001年版，第6—7页。

丰富，国内外学者对规制的分类见仁见智。美国学者弗洛伦斯·A. 黑夫兰将规制分为三类：经济性规制、社会性规制和辅助性规制。其中，经济性规制是指有关产业行为的市场方面，包括费率、服务质量和数量、竞争行为等；社会性规制用以调整不安全或不健康的产品以及生产过程的有害副产品；辅助性规制泛指与执行各类社会福利计划有关的规制措施。[1]

日本学者植草益将规制分为两类：经济性规制和社会性规制。经济性规制就是指在自然垄断和存在信息偏差的领域，为了防止资源配置低效和保证利用者的公平利用，政府机关运用法律权限并通过许可和认可手段，对企业的进入和退出、价格、服务的数量和质量、投资、财务会计等有关行为加以规制。社会性规制则是以保障劳动者和消费者的安全、健康、卫生以及保护环境、防止灾害为目的，对物品和服务的质量和伴随着提供它们的各种活动制定一定的标准，或禁止、限制特定行为的规制。在禁止特定行为和进行营业活动限制的同时，也把资格制度、审查检验制度以及标准认证制度作为补充。[2]

我国学者王俊豪则将政府规制划分为经济性规制、社会性规制和反托拉斯规制三大部分。其中，经济性规制主要针对自然垄断领域和存在严重的信息不对称的领域；社会性规制主要针对卫生健康、安全和环境保护；反托拉斯规制主要针对垄断企业，特别是垄断行为。[3]此外，经济合作与发展组织将规制分为三类，

---

[1] See Florence A. Heffron, *The Administrative Regulatory Process*, Longman, 1983, pp. 349–358.

[2] [日] 植草益著，朱绍文等译：《微观规制经济学》，中国发展出版社1992年版，第22页。

[3] 王俊豪：《政府管制经济学导论——基本理论及其在政府管制实践中的应用》，商务印书馆2001年版，第2—3页。

即经济性规制、社会性规制和行政性规制。

综上可见，国内外学者虽然对规制的分类有不同见解，但总体上分歧不大，通常采取三分法且都赞同经济性规制和社会性规制两类，只是对第三类规制的界定存有分歧。比较而言，笔者赞同将规制分为经济性规制、社会性规制和行政性规制三类，并对行政性规制赋予了与经济合作与发展组织的界定不同的内涵。

1. 经济性规制

经济性规制主要源于因自然垄断、信息不对称和外部性问题等引发的市场失灵，政府规制机构通过许可等手段，对市场主体的进入或退出、价格、服务标准等进行的干预和控制。经济性规制需要坚持明确的调整标准和原则，并运用有效的规制手段，方能实现其规制功能。[1]

（1）经济性规制的目标。由于经济性规制是因自然垄断等引起的市场失灵，笔者认为，维护一定范围的自然垄断、引入适度竞争、保护消费者合法权益，是经济性规制的三大调整目标。特别是在市场经济背景下，正确处理政府规制与市场机制之间的关系，是实现政府良好规制的重要基础。

（2）经济性规制的主体。我国政府经济性规制的主体大致可以分为两类：一是对所有行业和企业进行普适性、横向规制；二是对行业进行定向、纵向规制。前者如国家市场监督管理总局、国家税务总局、国家发展和改革委员会（以下简称"国家发展改革委"）、商务部等，这些部门依法对我国境内的企业进行经济性规制。后者如国务院国有资产监督管理委员会、国家邮政局等，这些部门依法对特定行业和领域开展定向和纵向

---

[1] 茅铭晨：《政府管制法学原论》，上海财经大学出版社2005年版，第163—186页。

规制。[1]

（3）经济性规制的方法。为实现上述规制目标，经济性规制方法主要包括进入与退出规制、价格规制、质量和数量规制、激励性规制等。通过对市场主体进入或退出的限制，可以避免因恶性竞争而形成的资源浪费，保证现有企业的规模经济，实现企业合理利润和消费者利益的平衡，并使市场在一定期限内保证产品和服务供应的稳定性。价格规制可以使企业成本合理地分摊给不同的消费者，确保产品价格的合理。产品数量的规制则可以防止企业通过减少产品提供的方式来对抗现有的价格和质量规制，损害消费者利益。

2. 社会性规制

社会性规制是以保障劳动者和消费者的安全、健康、卫生以及保护环境、防止灾害为目的，对物品和服务的质量和因提供它们而产生的各种活动制定一定的标准，或禁止、限制特定行为的规制。[2]相对于经济性规制，社会性规制起步较晚，即便是美国这种发达国家，社会性规制也只有三四十年的历史。如果说经济性规制为政府规制的初级阶段，那么社会性规制则可以被称为政府规制的高级阶段了。[3]

（1）社会性规制的目标。环境污染、产品缺陷、医药事故等引起的健康、安全问题，始终与市场失灵密切相关，而市场失灵主要表现为经济活动的负外部性及信息不对称。因此，政府规制

---

[1] 王健等：《中国政府规制理论与政策》，经济科学出版社2008年版，第142—143页。

[2] [日]植草益著，朱绍文等译：《微观规制经济学》，中国发展出版社1992年版，第22页。

[3] 茅铭晨：《政府管制法学原论》，上海财经大学出版社2005年版，第186—216页。

的社会性目标应当聚焦于抑制负外部性和克服信息不对称方面，最终实现保护环境、健康和安全的目标。

(2) 社会性规制的主体。随着经济和社会的深入发展，健康、安全、环境等问题日益受到社会的广泛关注，人们对生存环境、身体健康、产品安全等问题愈发重视，从而对政府的社会性规制提出了更高的要求。因此，社会性规制部门也日益丰富。我国社会性规制的机构主要有国家市场监督管理总局、应急管理部、生态环境部等。事实上，除了少数社会性规制部门，如生态环境部等，其余大部分社会性规制部门都兼具经济性规制职能。[1]

(3) 社会性规制的方法。社会性规制的范围非常广泛，包括环境、卫生、健康、安全等，因而需要采取多种规制手段。根据政府对市场干预程度的不同，可以将社会性规制方法分为三种：信息规制、标准控制和事前审批。三种规制方法中，政府干预程度依次上升，即信息规制最低，标准控制居中，事前审批最高。

干预强度				
低←　　　　　　　　　　　　　　　　　→高				
信息规制	标准控制			事前审批
	目标标准	性能标准	规格标准	

资料来源于［英］安东尼·奥格斯著，骆梅英译：《规制：法律形式与经济学理论》，中国人民大学出版社 2008 年版，第 152—153 页。

3. 行政性规制

如前所述，笔者赞同经济合作与发展组织关于规制的分类，

---

[1] 王健等：《中国政府规制理论与政策》，经济科学出版社 2008 年版，第 226—228 页。

即将规制分为经济性规制、社会性规制和行政性规制，但对行政性规制的内涵却有着不同理解。经济合作与发展组织将行政性规制定位为：政府出于收集信息或干预个体的经济决策的目的，在文件起草或行政形式上对市场主体提出规则要求（所谓的"繁文缛节"）。这个定义强调政府规制者的行为对市场的影响。笔者关于行政性规制的定义，是与经济性规制和社会性规制处于同一位阶上的、平行的定义，即行政性规制是指为了保证经济性规制和社会性规制机构有效地进行规制活动以及规制机构的规制者行为公正、公平、有效、透明，由行政机关、立法机关、司法机关、公众、受规制的主体以及与规制政策相关的社会团体，根据法律法规对规制政策的制定者和执行者所进行的监督和管理。简言之，行政性规制，是对经济性规制和社会性规制的规制政策制定者和执行者的规制，即对规制者的规制。[1]

（1）行政性规制的目标。行政性规制的目的在于通过对规制机构在经济性规制和社会性规制中的规制行为进行监督，提高政府规制效率，纠正政府规制失灵，保障经济性规制和社会性规制目标的实现。

（2）行政性规制的主体。行政性规制的主体是立法机关、行政机关、司法机关、公众以及与规制政策相关的市场主体等。立法机关的作用体现在制定与规制相关的法律、审批规制机构的预算要求、监督规制机构的运作等方面。行政机关的作用体现在对规制机构成员进行行政监督和对规制政策进行审核等方面。司法机关的作用体现在通过公正裁判保护行政相对人的合法权益。公众可以通过舆论监督、听证等公众参与方式对规制政策的制定及

---

[1] 王健等：《中国政府规制理论与政策》，经济科学出版社2008年版，第250页。

执行进行监督。此外，企业、社会组织等与规制政策相关的市场主体也可以通过多种方式对规制者的行为予以监督。

（3）行政性规制的方法。行政性规制机构需要运用适当的方法，对经济性规制和社会性规制机构及其规制者进行规制，以实现行政性规制的目标。一般而言，行政性规制的方法主要包括法律规制、制度规制、程序规制、进入规制等。法律规制是为了保证规制机构和规制者合法行使规制权力、保护规制客体权益而设置一套法律体系。制度规制是指通过一定的制度或机制安排，考察和评估规制机构及其规制者的绩效，规范规制机构的运作和规制者的行为。程序规制是指行政性规制机构对经济性规制和社会性规制中的政策制定和执行程序进行规范。进入规制是指行政性规制机构对经济和社会性规制机构的设立以及规制人员的进入进行的规制。

三、价格规制

价格是市场机制的核心。市场主体根据价格信号追求利益最大化，通过无数个别行为的合力、一种自发的作用，使社会资源得以合理配置。[1]党的十八届三中全会通过的《中共中央关于全面深化改革若干重大问题的决定》提出："完善主要由市场决定价格的机制。凡是能由市场形成价格的都交给市场，政府不进行不当干预。"党的十九大报告以及随后的中央文件再次重申要全面深化价格改革，完善重点领域价格形成机制。[2]其中最核心的

---

[1] 史际春、肖竹："论价格法"，载《北京大学学报（哲学社会科学版）》2008年第6期。

[2] 相关规定参见《中共中央、国务院关于推进价格机制改革的若干意见》（2015年10月12日发布）、《国家发展改革委关于全面深化价格机制改革的意见》（发改价格〔2017〕1941号）。

是正确处理政府与市场的关系问题，凡是能由市场形成价格的都交给市场，政府不进行不当干预。但是，实践中，价格机制往往受市场垄断、人为操纵等多种因素的影响，未能真正发挥其作用，因而需要政府规制作为补充。特别是在公用事业领域，价格机制更为复杂，如何处理好政府与市场之间的关系，面临更大的挑战。

（一）价格规制的内涵

由于对规制理论的研究最早兴起于经济学领域，理论上对价格规制的研究也主要集中在经济学领域，法学领域的研究较少。即便是在当前规制理论的法学研究呈现方兴未艾之势的背景下，从法学视角对价格规制的研究仍然较为少见。[1]因此，从法学视角研究价格规制的内涵，有必要在借鉴经济学的相关研究成果基础上展开。

1. 经济学理论中的价格规制

经济学理论通常将规制分为经济性规制和社会性规制。价格规制是经济性规制中最重要的手段，主要是指在自然垄断产业中，规制者从资源有效配置和服务的公平供给角度出发，以限制垄断企业确定垄断价格为目的，对价格（在规制产业中称为收费）水平和价格体系进行规制。在竞争产业中也可以进行价格规制，而且其也是从资源有效配置和服务的公平供给的角度出发而进行规制的。[2]这是日本著名经济学家植草益对价格规制的定义，该定义对我国影响深远，并且国内许多学者对价格规制的研究也大都沿用了植草益的概念，只不过主要借鉴的是植草益观点

---

[1] 目前法学领域对价格规制的研究主要集中在经济法方面，代表性的学者有史际春教授、张守文教授等人。

[2] [日]植草益著，朱绍文等译：《微观规制经济学》，中国发展出版社1992年版，第28—29页。

第一章　公用事业价格规制的基本理论及法律框架

的前半部分，即价格规制是针对自然垄断产业的价格规制。[1]如我国著名规制经济学家王俊豪教授对价格规制的界定就忽略了竞争性产业的价格规制。[2]史普博将价格规制分为"限价"与"费率制定"两类。价格规制构成市场干预最重要的形式，公用事业与交通部门里的费率制定构成价格规制的另一种形式。[3] W.吉帕·维斯库斯、约翰·M.弗农与小约瑟夫·E.哈林顿则从最高限价与最低限价两个方面界定价格规制。[4]

上述经济学理论中关于价格规制的界定，主要从价格规制的范围、方式、内容等方面出发，重点反映价格规制某一个或几个方面的特点，侧重对价格规制做一种描述性界定。

2. 政府规制中的价格规制

经济学上对价格规制内涵的界定，较为全面地描述了价格规制的范围、方式和内容，为我们从法学视角界定价格规制的内涵提供了重要基础。价格规制主要是政府对市场价格的一种干预，旨在弥补市场的不足和保障公共利益，涉及规制主体、规制方式、规制程序等问题，因此，从法学视角研究价格规制，应当重点从行政法视角展开，实现价格规制的规范化和法治化。据此，笔者认为，价格规制是指行政机关依照法定的职权、方式和程序对特定产品或服务的价格进行干预，以弥补市场机制调节价格之

---

[1] 邹积亮：《市场经济条件下的价格管制研究》（第2辑），经济科学出版社2012年版，第8页。

[2] 王俊豪：《政府管制经济学导论——基本理论及其在政府管制实践中的应用》，商务印书馆2001年版，第52页。

[3] [美]丹尼尔·F.史普博著，余晖等译：《管制与市场》，上海三联书店、上海人民出版社1999年版，第40—41页。

[4] [美]W.吉帕·维斯库斯、约翰·M.弗农、小约瑟夫·E.哈林顿著，陈甫军等译：《反垄断与管制经济学》（原书第3版），机械工业出版社2004年版，第176页。

缺陷的活动。

第一，价格规制的主体是行政主体。《中华人民共和国价格法》（以下简称《价格法》）第 5 条规定："国务院价格主管部门统一负责全国的价格工作。国务院其他有关部门在各自的职责范围内，负责有关的价格工作。县级以上地方各级人民政府价格主管部门负责本行政区域内的价格工作。县级以上地方各级人民政府其他有关部门在各自的职责范围内，负责有关的价格工作。"可见，国务院价格主管部门和县级以上地方各级人民政府价格主管部门是目前我国价格规制的主体，承担主要的价格规制职能，国务院其他有关部门和县级以上地方各级人民政府其他有关部门承担部分价格规制职能。具体到我国的价格规制实践，国家发展改革委和地方各级发展改革委是价格规制的主体，其他行业主管部门依法承担部分监管职能。例如，《中华人民共和国铁路法》（以下简称《铁路法》）第 25 条规定："铁路的旅客票价率和货物、行李的运价率实行政府指导价或者政府定价，竞争性领域实行市场调节价。政府指导价、政府定价的定价权限和具体适用范围以中央政府和地方政府的定价目录为依据。铁路旅客、货物运输杂费的收费项目和收费标准，以及铁路包裹运价率由铁路运输企业自主制定。"可见，铁路运输企业对于铁路旅客、货物运输杂费的收费项目和收费标准以及铁路包裹运价率具有定价权。

第二，价格规制必须依法进行。价格规制是行政主体行使行政权的活动，因而必须依法进行。价格规制主体必须在法定权限内行为，并按照法定的方式和程序等开展活动，包括对特定产品或服务采取何种定价方式，以及如何开展事中、事后价格规制；对实行政府定价或政府指导价的，必须严格按照《政府制定价格行为规则》等的规定进行，需要听证的，还应当依法举行听证。

第一章 公用事业价格规制的基本理论及法律框架

例如,《政府制定价格听证办法》第 3 条第 1 款规定:"制定关系群众切身利益的公用事业价格、公益性服务价格和自然垄断经营的商品和服务价格等政府指导价、政府定价的价格水平,应当实行定价听证。"因此,制定关系群众切身利益的公用事业价格,就必须召开正式的听证会,否则将构成违法。

第三,价格规制的对象是特定产品或服务的价格。价格规制可以分为普通竞争市场中的价格规制和非竞争性市场中针对垄断企业实施的价格规制。[1]因此,作为价格规制对象的产品或服务的价格,既包括垄断性产业的产品与服务,也包括竞争性产业的产品与服务。前者由于与民生息息相关,应当是价格规制的重点,其中与普遍服务相关的事项,价格规制尤其需要重点关注;后者虽然主要由市场调节,但当出现市场失灵,市场价格机制被扭曲时,仍然需要政府的适度干预。价格规制的对象虽然是特定产品或服务的价格,但是价格的形成和运行与主体的行为密切相关,这就决定了此种价格规制需要重点关注相关行为主体的价格行为。

第四,价格规制的目的是弥补市场机制的缺陷。哈耶克认为,政府直接管制物价是与自由制度不相容的。[2]在市场经济背景下,价格应该由市场调节,价格规制并不等于政府直接定价。价格规制的目的仅仅是弥补市场机制的缺陷,需要在充分尊重市场规律基础上开展活动,否则价格规制非但不能促进经济发展和增进人民福祉,反而可能会阻碍经济发展和破坏社会稳定。特别是公用事业价格规制,到底是采取政府定价、政府指导价还是市

---

〔1〕 [英]安东尼·奥格斯著,骆梅英译:《规制:法律形式与经济学理论》,中国人民大学出版社 2008 年版,第 300 页。

〔2〕 [英]哈耶克:"法制国家中的经济政策",载 [德]何梦笔主编,庞健、冯兴元译:《德国秩序政策理论与实践文集》,上海人民出版社 2000 年版,第 311—312 页。

场调节价，需要结合特定领域的实际状况确定。

(二) 价格规制的兴起与功能

几乎可以毫不夸张地讲，只要有政府的地方，就有价格控制。因而，这一规制形式至少已经有了5000年的历史。[1]而且，这种价格规制的实践比理论的历史要久远得多。价格规制在不同的时期以不同的理由提出来，但贯穿始终的共同线索是这样一种信仰：在有关公共利益的情况下，价格不应当由市场决定，公众的判断优于市场。[2]可见，价格规制的兴起与其功能有着密切的联系。

1. 价格规制的兴起

价格规制思想在中外的历史都非常久远。早在中国西周时期，就已经出现官方定价。据《周礼》记载，市场商品价格是由市场管理机构确定的，"往来市场需经规定的门进出，入口处有官吏执鞭纠察，货物进出须有'司市'发给的凭证方许通行。市内各种货物须按其价格的贵贱分别陈列在规定的不同地段，各种售价须经管理价格的'贾师'核定后才能发售"。[3]在国外，公元前6世纪，古希伯来就出现了公平交易和公平价格的思想。"法律规定了一些有关商业公平买卖的措施，如严禁投机操纵和垄断获利行为，以投机方式抬高市场价格更为法律所不许可。"[4]

以上只能算是古代政府价格干预思想的萌芽，与现代价格规

---

[1] R. L. Schuettinger, "The Historical Record: A Survey of Wage and Price Controls Over Five Centuries", in M. Walker ed., *The Illusion of Wage and Price Control*, 1976, pp. 59-97. 转引自 [英] 安东尼·奥格斯著，骆梅英译：《规制：法律形式与经济学理论》，中国人民大学出版社2008年版，第300页。

[2] 史璐：《价格管制理论与实践研究》，知识产权出版社2012年版，第42页。

[3] 胡寄窗：《政治经济学前史》，辽宁人民出版社1988年版，第31—33页。

[4] 胡寄窗：《政治经济学前史》，辽宁人民出版社1988年版，第9页。

制有本质的不同。一般认为，现代规制法律的起源可追溯至 19 世纪，但追根究底，它的历史要更为久远，甚至可以追溯至都铎和斯图尔特王朝时期高度干预的政权体制。[1]英国在改革自然网络产业的监管机制时提出了价格上限的激励监管机制，其不但在英国取得了良好的效果，同时还成为其他国家设计监管机制时学习的模式。[2]随着规制理论和实践的不断发展，价格规制作为一种重要的经济性规制手段也越来越受到重视，成为正确处理政府与市场关系的重要标准。

2. 价格规制的功能

价格规制作为经济性规制最重要的手段，是由其制度功能决定的，特别是在市场经济背景下，价格规制具有其他经济性规制手段所不具备的天然优势。

（1）弥补市场调节价格的不足。市场经济作为一种资源配置的方式已经得到世界绝大多数国家的认可，价格在其中扮演重要角色。但是，市场这只"看不见的手"也会出现失灵，其中的表现之一，就是市场价格偏离实际的商品或服务的价格，损害消费者利益。此时，运用价格规制手段，可以弥补市场调节价格的不足。

（2）发挥事中监管的功能。传统的政府监管注重市场准入这种事前监管，通过为市场主体进入市场设定高门槛，实现对特定行业的监管。这种监管模式在传统市场经济尚不够发达的背景下，基本能够适应实际的需要，实现政府的有效监管。但是，随

---

[1] A. I. Ogus, "Regulatory Law: Some Lesson from the Past", *Legal Stud.*, Vol. 12, 1992, p. 1.

[2] 高世楫、秦海："从制度变迁的角度看监管体系演进：国际经验的一种诠释和中国改革实践的分析"，载吴敬琏、江平主编：《洪范评论》（第 2 卷第 3 辑），中国政法大学出版社 2005 年版，第 37 页。

着我国市场经济深入发展，对市场竞争提出了更高的要求，设定高门槛的事前监管手段面临诸多问题，因此加强事中事后监管得到理论和实践的一致认可。[1]在此背景下，事中事后监管的作用日益凸显，而价格规制作为一种典型的事中规制手段，较之行政许可为主的事前监管手段无疑具有更大的优势。

（3）优化资源的有效配置。在市场经济体制下，市场机制是资源配置的决定性力量。但市场配置资源客观上存在不足，不可能使资源配置尽善尽美。当一定时期的资源配置出现问题时，就需要政府规制予以补充，而价格作为政府规制的重要手段，可以用来优化资源配置。从这个角度而言，价格规制的另一个重要功能是可以实现资源配置的优化，即通过政府这只"有形之手"调节市场这只"无形之手"可能存在的弊端，进而实现资源配置的优化。

（三）价格规制的目标与方式

1. 价格规制的目标

理论上对经济性规制的定义存在一定的分歧，对经济性规制的目标同样存在不同观点。施蒂格勒认为，经济性规制的目标就是运用能采取的任何手段，满足产业中企业逐利的欲望，增加被规制企业的获利能力。[2]保罗·萨缪尔森认为，经济性规制的目标有二：一是规制企业行为，防止垄断或寡头垄断滥用市场力量；二是纠正信息的不完全。[3]日本学者植草益认为，经济性规

---

[1] 宋华琳："加强事中事后监管 推动市场监管体系的改革与创新"，载《中国工商管理研究》2015年第11期。

[2] [美]乔治·J. 施蒂格勒著，潘振民译：《产业组织和政府管制》，上海三联书店1989年版，第43页。

[3] [美]保罗·萨缪尔森、威廉·诺德豪斯著，萧琛主译：《经济学》（第19版），商务印书馆2013年版，第78页。

制的目标有四：一是达到资源有效配置；二是确保企业内部效率；三是避免收入再分配；四是实现企业财务稳定化。[1]价格规制作为一种重要的经济性规制手段，其规制目标在很多方面与经济性规制有相同之处。在经济性规制目标的指引下，价格规制的目标可以概括为：实现资源有效配置；规范市场秩序，建立公平、公正、有序竞争的市场；保护消费者权益，增进社会福祉。

2. 价格规制的方式

通过对我国价格规制理论、立法与实践的全面考察，可以发现目前价格规制的方式主要包括以下几个方面：

（1）政府定价或政府指导价。根据《价格法》第18条和第19条第1款的规定，"下列商品和服务价格，政府在必要时可以实行政府指导价或者政府定价：（一）与国民经济发展和人民生活关系重大的极少数商品价格；（二）资源稀缺的少数商品价格；（三）自然垄断经营的商品价格；（四）重要的公用事业价格；（五）重要的公益性服务价格。""政府指导价、政府定价的定价权限和具体适用范围，以中央的和地方的定价目录为依据。"由此可见，政府通过对部分商品或者服务实行政府定价或者政府指导价，可以实现对其价格的严格规制。虽然这种政府定价或政府指导价的适用范围正在不断缩小，但其仍然是当前政府价格规制中非常重要的手段，在政府价格规制中有举足轻重的地位。

（2）政府价格听证。《政府制定价格听证办法》第3条第1款、第3款规定：制定关系群众切身利益的公用事业价格、公益性服务价格和自然垄断经营的商品和服务价格等政府指导价、政府定价的价格水平，应当实行定价听证。听证的具体项目通过定

---

[1] [日]植草益著，朱绍文等译：《微观规制经济学》，中国发展出版社1992年版，第60页。

价听证目录确定，容易引发抢购、囤积，造成市场异常波动的商品价格，通过其他方式征求意见，不纳入定价听证目录。可见，价格听证是政府定价过程中必须进行的程序，是政府价格规制中非常重要的法定程序，也是保障政府价格规制民主性、科学性和透明度的重要形式。

（3）价格约谈。虽然理论上对价格约谈到底属于行政指导行为、行政契约行为还是一种全新的行政行为仍然存在争议，但是价格约谈在行政实践中正在被越来越广泛地使用。[1]2011年3月22日，坊间传宝洁、联合利华、纳爱斯等日化品牌欲提价10%。3月30日，国家发展改革委即表示，洗涤用品是生活必需品，其价格变动直接影响群众生活，目前已"约谈"了相关企业了解情况，并明确表示，各类企业要加强社会责任，不得随意搭车涨价，更不许串通涨价、哄抬物价，并且即将派出调查组赴有关企业进行调查。国家发展改革委于2011年5月6日约谈"洋奶粉"企业，于2011年9月16日约谈部分白酒企业。2017年，国家发展改革委就内存芯片等零部件持续涨价问题约谈三星半导体公司。2020年，中国人民银行、中国银行保险监督管理委员会、中国证券监督管理委员会、国家外汇管理局四部门约谈蚂蚁集团，督促指导蚂蚁集团按照市场化、法治化原则，落实金融监管、公平竞争和保护消费者合法权益等要求，规范金融业务经营与发展。这些政府价格主管部门的价格约谈事件表明，价格约谈正成为当前政府价格规制中非常重要的手段，应对其法律地位、作用方式、实施效果等继续进行研究。

（4）价格补贴。所谓价格补贴，是指政府为弥补因价格体制

---

[1] 郑毅："现代行政法视野下的约谈——从价格约谈说起"，载《行政法学研究》2012年第4期。

第一章　公用事业价格规制的基本理论及法律框架

或政策原因造成价格过低给生产经营带来的损失而进行的补贴，它是财政补贴的主要内容。从补贴对象上看，它包括生产资料价格补贴、生活资料价格补贴和进口商品价格补贴。[1]我国存在大量的政府价格补贴实践，比如政府对农产品的价格补贴、对新能源产业的价格补贴等。这些价格补贴政策实质上属于政府价格规制的方式，通过价格补贴，可以实现对市场调节价格的补充。价格补贴对于保护特定群体的权益、促进特定行业的发展都具有非常重要的意义，同时，价格补贴作为一种政策导向，将产生更加深远的影响。

（5）价格行政执法。价格行政执法是政府价格规制的重要保障。公平、公正的价格执法可以有效保障价格相关立法的落实，促进市场价格更加公平合理。价格执法方式多种多样，既有刚性的行政处罚、行政强制，也有比较柔性的价格约谈，还包括较为中性的反垄断与反不正当竞争执法。价格行政执法虽然不是一种直接的价格规制手段，但是，它对于保障价格规制手段的正确实施具有重要意义，也是价格规制手段达到预期效果的重要保障。

第二节　价格规制在公用事业政府规制中的定位

中华人民共和国成立以来，我国经历了从计划经济到市场经济的发展过程，政府对价格的管理体制也发生了翻天覆地的变化。价格改革是经济体制改革的突破口和排头兵[2]，通过对价格改革历程的梳理，我们可以更加清晰地认识到价格在市场经济

---

[1] 岳松、陈昌龙主编：《财政与税收》，清华大学出版社、北京交通大学出版社2008年版，第97页。

[2] 王永治："敢于变革 敢于创新 推进价格改革深化——价格改革30年的回顾与展望"，载《经济研究参考》2008年第50期。

发展演进中的重要地位。在市场经济不断完善的背景下,价格规制较之其他经济性规制手段的独特优势将进一步彰显。因此,未来我国在公用事业政府规制中需要进一步发挥价格规制手段的作用,重新定位价格规制在公用事业政府规制中的地位,促进其功能得以充分发挥。

一、历史考察:我国公用事业价格改革的历程

从中华人民共和国成立到改革开放之前,我国绝大部分商品实行国家定价。1973年12月5日国家计划委员会发布的《国务院有关部门分工管理价格的产品(商品)目录》规定,实行国家定价的农产品收购价格113种,商品零售价格138种,工业品出厂价格1086种,总计1337种。其中,实行国家定价的零售商品总值占到所有零售商品总值的97%左右。改革开放之后,1979年三类农副产品价格率先放开,恢复了从前的规定,实行议价。[1]由于中华人民共和国成立后的前三十年的价格管理体制改革是建立在高度计划经济体制上的,特别是1956年社会主义改造基本完成后,在这期间,价格管理体制改革主要是对中央与地方管理权限的调整,改革步伐比较小。[2]1978年党的十一届三中全会揭开了我国经济体制改革的序幕,价格改革作为经济体制改革的突破口和排头兵,自然也迎来发展机遇。由此,我国开启了包括公用事业在内的价格改革的新征程。

(一)价格改革的准备阶段(1979—1984年)

这一阶段的指导思想是"计划经济为主,市场调节为辅",

---

[1] 成致平:《价格改革若干大事聚焦》,中国物价出版社2002年版,第311页。
[2] 陈勇:"新中国价格管理体制改革的历史回顾与前瞻",载《改革与开放》2010年第20期。

第一章 公用事业价格规制的基本理论及法律框架

因此,价格改革亦坚持"计划价格为主,自由价格为辅"的原则,采取"以调为主,以放为辅"的改革方式,主要是以调整不合理的计划价格为重点,在探索中进行小破小改。六年间,我国先后进行了六次规模较大的价格调整,包括:①大幅度提高农产品收购价格;②提高八类副食品零售价格并对职工实施价格补贴;③提高统配煤矿产销价格,同时陆续提高焦炭、钢材等原材料和农业生产资料价格;④提高烟酒价格;⑤有升有降地调整纺织品价格,降低部分轻工业品价格;⑥提高铁路货物运价和水运客货价格。[1]

在破除计划价格体制方面,我国也做了一些探索性改革。主要包括:①分三批放开了小商品价格和三类农副产品价格,到1984年10月全部放开小商品价格,实行市场调节价;②对部分电子产品和机械产品试行浮动价格;③将机械新产品的试销价格的定价权由中央下放给地方或直接下放给企业。本阶段最大的特点是,开始改变单一的计划价格形式,出现了国家定价、浮动价、协议价和集市贸易价等多种价格形式,市场机制开始在部分商品价格形成中发挥作用。[2]

为了保障价格改革的有序推进,1977年,国务院批准了国家计划委员会的报告,决定把物价工作从国家计划委员会中分离出来,成立国家物价总局,将其列为国务院的直属机构,统管全国的物价工作。六年间,随着价格改革的推进,市场物价上涨仍然在一定范围内存在,并在一定程度上影响了市场秩序的稳定。中共中央、国务院出台了大量的政策与立法、采取了诸多措施以规

---

[1] 蒋和胜、蒙琳:"我国价格改革三十年的回顾与前瞻",载《天府新论》2009年第3期。

[2] 王永治:"敢于变革 敢于创新 推进价格改革深化——价格改革30年的回顾与展望",载《经济研究参考》2008年第50期。

范市场秩序，包括：①1980年4月8日，中共中央、国务院发出《关于加强物价管理、坚决制止乱涨价和变相涨价的通知》；②1980年11月5日，国务院要求开展一次全国性的市场物价大检查；③1980年12月7日，国务院又发出《关于严格控制物价、整顿议价的通知》；④1982年1月8日，国务院发出《关于坚决稳定市场物价的通知》；⑤1982年8月6日，国务院发布《物价管理暂行条例》。[1]这些努力都为价格改革的进一步开展和推进奠定了坚实的制度基础。

（二）价格改革的展开阶段（1985—1987年）

这一阶段价格改革的重点是转换价格形成机制，加强市场作用。价格改革从调整价格结构为主转变为改革过度集中的价格管理制度，确立了调放结合、以放为主的改革方式。这一阶段在原有的基础上进一步放开了绝大多数农产品的购销价格；放开了计划外生产资料价格和消费品价格，加强和促进了市场对价格形成的作用。另外，调整价格结构使得比价关系趋向合理，缩小了工农业产品的剪刀差。但这一时期，过大地放开脚步也加剧了当时的通货膨胀，导致价格全面上涨。[2]

1984年10月20日，党的十二届三中全会通过的《中共中央关于经济体制改革的决定》指出："价格体系的不合理，同价格管理体制的不合理有密切的关系。在调整价格的同时，必须改革过分集中的价格管理体制，逐步缩小国家统一定价的范围，适当扩大有一定幅度的浮动价格和自由价格的范围，使价格能够比较

---

[1] 成致平：《价格改革若干大事聚焦》，中国物价出版社2002年版，第132—133页。

[2] 陈勇："新中国价格管理体制改革的历史回顾与前瞻"，载《改革与开放》2010年第20期。

灵敏地反映社会劳动生产率和市场供求关系的变化，比较好地符合国民经济发展的需要。"1985年9月23日，《中共中央关于制定国民经济和社会发展第七个五年计划的建议》指出："逐步形成少数商品和劳务实行计划价格、多数实行浮动价格和自由价格的统一性与灵活性相结合的价格体系，更好地发挥价格这个最重要、最有效的经济杠杆对生产、流通和消费的调节作用。"

在这期间，价格改革过程中实行的生产资料价格双轨制在争议中前行，既有积极作用，也有消极作用。积极作用主要表现在：①有利于解放和发展生产力，搞活企业，增加商品的有效供给；②为工业品生产资料市场价格的孕育、成长开辟一个通道；③促进了地方工业和乡镇工业的迅猛发展；④有利于高度集中的计划体制、物资分配体制向社会主义市场经济体制过渡。消极作用主要表现在：①冲击了国家指令性计划的执行，"分到订不到，订到拿不到"，使许多工业生产资料的部分分配计划落空；②造成市场秩序的某些混乱，滋生了许多消极腐败现象；③不利于对企业经济效益作出正确评价。这种生产资料价格双轨制，在实施初期，积极作用多一些，到了后期，消极作用变大。[1]这些消极作用的累积，为后续的通货膨胀埋下了种子。

（三）价格改革的治理整顿阶段（1988—1991年）

这一阶段价格改革的主要任务是对前一阶段改革出现的问题进行治理整顿，以便建立和完善价格宏观调控体系。1988年，国务院物价委员会《关于今后五年和明年物价、工资改革的初步方案》提出今后五年价格改革的方向是："少数商品和劳务价格由

---

[1] 成致平：《价格改革若干大事聚焦》，中国物价出版社2002年版，第163—164页。

国家管理，绝大多数价格放开，由市场调节。逐步取消价格的双轨制，有条件的产品价格逐步接近国际市场价格。根据各方面的条件和现实的可能，初步认为，今后五年或者更多一点的时间内，价格改革的目标是初步理顺价格关系，即解决对经济发展和市场发育有严重影响、突出不合理的价格问题。真正形成一个合理的价格体系和较为完善的市场机制，则需要相当长的时间，不是短期内所能完成的。"计划1989年全国零售物价总水平上升幅度约为13%，力争略低于前一年。但是由于对通货膨胀控制乏力，进入第三季度以后，全国的物价涨幅与日俱增，7月份为19.3%，8月份为23.2%，达到二字头的两位数。不少城市抢购风蔓延炽盛，愈演愈烈。8月下旬，针对这种情况，国务院领导同志几次召开小范围会议，研究市场物价形势，商量刹住抢购风的对策。

1988年8月30日，国务院召开了第20次常务会议，认真讨论了当时的市场和物价形势，针对一些地方出现抢购商品和大量提取储蓄存款的问题，决定采取六项措施，要点如下：①国务院物价委员会《关于今后五年和明年物价、工资改革的初步方案》中所讲的"绝大多数价格放开，由市场调节"，指的是五年或更多一些时间的长远目标。国务院将采取有力措施，确保1989年社会商品零售价格上涨幅度明显低于1988年。②国务院1988年下半年不出台新的涨价措施，地方管理的商品价格和收费标准也不得任意提高。企业不得乱涨价。③人民银行开办保值储蓄业务，使三年以上的长期存款利息不低于或稍高于物价上涨幅度。④坚决压缩固定资产投资规模，严格控制社会集团购买力，抓紧清理整顿公司，要把1988年的信贷和货币发行控制在国家要求的数额之内。⑤要切实做好农副产品收购工作，不开放棉花市

第一章 公用事业价格规制的基本理论及法律框架

场。⑥要组织好市场供应,严格市场管理,坚决取缔和打击囤积居奇、投机倒把、中间盘剥等行为,要充分发挥城乡群众对物价的监督作用,对扰乱市场的要坚决打击。在党和政府的正确领导下,通过1988年8月下旬到9月下旬的紧张部署,各地区、各部门积极贯彻执行,收到了显著成效。1988年第三季度平均每月物价涨幅上升3个百分点,采取措施以后,第四季度平均每月物价涨幅只上升0.4个百分点,物价大幅上涨的势头得到抑制,改革开放和社会主义建设事业继续顺利前进。[1]

治理整顿期间采取政府定价以及制定最高限价措施,对于迅速稳定物价,控制通货膨胀,效果明显。但治理整顿的措施过于严厉,导致经济在1990年"硬着陆",影响了经济的发展。治理整顿期间的经验表明,价格改革既不能一味地"放",也不能"管死",最好的办法是有节制、适度地放,价格改革要合理、有序进行。[2]

(四)社会主义市场价格体制的建立阶段(1992—2000年)

1992年,邓小平南方谈话为我们解决了观念上的困扰。同年10月召开的中共十四大明确了建立社会主义市场经济体制的目标,在价格方面提出"推进价格改革,建立主要由市场形成价格的机制"。从此,我国价格体制改革进入了新的历史发展时期。

这一阶段,价格改革的步伐明显加快,转换价格机制、调整价格结构以及健全价格调控体系等诸多改革全面深化,主要包括:①加快价格形成机制转换。从中央到地方大批放开商品和服

---

[1] 成致平:《价格改革若干大事聚焦》,中国物价出版社2002年版,第207—210页。

[2] 王学庆、杨娟:"三十年价格体制改革的历程、成就与经验",载《中国物价》2008年第9期。

务价格，由市场供求形成。1992年，国家物价局颁布的价格管理目录规定中央管理的重工业生产资料和交通运输价格由1991年的737种减少为89种；农产品价格由40种减少为10种；轻工商品价格由原来的41种减少为9种。[1]②较大幅度地调整了粮食收购价格和原油、统配煤、铁路运输、电子等国家定价，使基础产业国家定价偏低的状况发生了明显改变。③价格调控体系有了重大进展，制定并落实了价格调控目标责任制；实行了"米袋子"省长负责制和"菜篮子"市长负责制；建立了国家专项粮食储备制度、粮食价格风险基金和化肥价格风险基金。④加强了价格法制建设。《价格法》于1998年正式实施，国家发展改革委《关于商品和服务实行明码标价的规定》、国务院《制止牟取暴利的暂行规定》等规章和行政法规纷纷出台。一些地方人大和政府也根据实际情况制定了一批地方性的价格法规和规章。[2]

该阶段价格改革的成就是突破性的：首先，摆脱了长期约束体制改革的意识形态枷锁，彻底突破了价格改革的观念和体制障碍；其次，打破旧体制并建立了新体制的主体框架，废弃了旧机制并初步建立了新机制；最后，与新体制和机制相适应的建章立制工作取得了明显成就，价格改革开始步入正轨。[3]

（五）社会主义市场价格体制完善阶段（2001—2012年）

2001年我国正式加入世界贸易组织，标志着我国对外开放进入新的阶段，价格体制与机制逐步与国际接轨。2003年中央十六

---

〔1〕 马凯："中国价格改革20年的历史进程和基本经验"，载《价格理论与实践》1999年第1期。

〔2〕 王永治："敢于变革 敢于创新 推进价格改革深化——价格改革30年的回顾与展望"，载《经济研究参考》2008年第50期。

〔3〕 王学庆、杨娟："三十年价格体制改革的历程、成就与经验"，载《中国物价》2008年第9期。

第一章 公用事业价格规制的基本理论及法律框架

届三中全会提出了科学发展观的重要指导思想，对价格改革提出了新的要求。由于社会主义市场价格体制初步建立，大规模、大面积、大幅度"调""放"基本结束，该阶段的主要目标是完善社会主义市场价格体制，包括：①建立有效的宏观调控体系，防止价格总水平出现大幅波动，避免出现明显通货膨胀，保证经济的平稳运行；②在垄断性行业、公用事业以及其他关系国计民生的重要行业建立合理的价格监管、调控体制，维持社会稳定和社会公平；③积极推进资源与资源性产品价格改革，以价格作为调节手段，保护与充分利用资源，以利于经济的长期可持续发展；④加强法律法规建设，使宏观调控、价格监管向法制化、规范化、精细化方向发展。[1]

改革期间主要采取的措施有：①完善价格形成机制。2001年7月，国家计划委员会颁布了修订后的中央定价目录，将中央管理的定价项目由1992年定价目录规定的121种压缩为13种。[2]各省、自治区、直辖市管理的定价项目也都作了大幅度削减。到2004年，全国价格行政审批项目平均减少50%。[3]在完善价格形成机制方面采取的措施还有出台石油价格综合配套改革方案，建立天然气价格与替代能源价格挂钩调整机制，将民航国内航空运价由政府定价改为政府指导价，等等。②完善价格调控体系。一是价格调控重心转移到研究制定价格政策、法律法规制度、宏

---

[1] 王学庆、杨娟："三十年价格体制改革的历程、成就与经验"，载《中国物价》2008年第9期。

[2] 该13种商品和服务项目为：重要的中央储备物资，国家专营的烟叶、食盐和民爆器材，部分化肥，部分重要药品，教材，天然气，中央直属及跨省水利工程供水，电力，军品，重要交通运输，邮政基本业务，电信基本业务，重要专业服务。参见赵小平主编：《价格管理实务》，中国市场出版社2005年版，第104—106页。

[3] 赵小平主编：《价格管理实务》，中国市场出版社2005年版，第68页。

观调控措施,维护公平竞争的市场秩序上来;二是价格调控手段的综合运用和创新;三是积极协调有关部门采取综合措施调控价格;四是提高政府定价决策的科学性、民主性、法制性;五是健全与《价格法》相配套的价格法律规章体系;六是加强对市场价格监管,整顿规范市场价格秩序。[1]③理顺价格体系。2003年以来,18次调整成品油价格,2次提高天然气价格,9次降低了1400种药品价格,降低了移动电话国内漫游话费上限标准,等等。[2]

总体而言,本阶段价格改革的方法更加得当、时机更加恰当、成效更加明显。特别是垄断行业的价格制定更加合理,制定的过程更加公开透明、方法更加得当。该阶段价格改革中最大的问题是,对国际市场价格变化的应对体制性、制度性安排不够。同时,垄断性行业的价格改革虽然开始破冰,但具体的价格制定方法、程序仍需完善。

(六) 社会主义市场价格体制深化阶段(2013年至今)

2013年,党的十八届三中全会通过了《中共中央关于全面深化改革若干重大问题的决定》,明确了全面深化改革的五大体制改革要求,包括经济体制、政治体制、文化体制、社会体制和生态文明体制。其中,经济体制改革是全面深化改革的重点,核心问题是处理好政府和市场的关系,使市场在资源配置中起决定性作用和更好地发挥政府作用。《中共中央关于全面深化改革若干重大问题的决定》还明确提出:"完善主要由市场决定价格的机制。凡是能由市场形成价格的都交给市场,政府不进行不当干预。推

---

[1] 王永治:"敢于变革 敢于创新 推进价格改革深化——价格改革30年的回顾与展望",载《经济研究参考》2008年第50期。

[2] 国家发展和改革委员会价格司:"可贵的探索 成功的实践——近五年价格工作概述",载《价格理论与实践》2008年第3期。

进水、石油、天然气、电力、交通、电信等领域价格改革,放开竞争性环节价格。政府定价范围主要限定在重要公用事业、公益性服务、网络型自然垄断环节,提高透明度,接受社会监督。完善农产品价格形成机制,注重发挥市场形成价格作用。"《中共中央关于全面深化改革若干重大问题的决定》作为未来各项改革的顶层设计,对于进一步深化我国公用事业价格改革具有非常重要的意义。

为了全面贯彻十八届三中全会《中共中央关于全面深化改革若干重大问题的决定》的精神,2015年10月12日,中共中央、国务院出台了《关于推进价格机制改革的若干意见》,明确提出:"到2017年,竞争性领域和环节价格基本放开,政府定价范围主要限定在重要公用事业、公益性服务、网络型自然垄断环节。到2020年,市场决定价格机制基本完善,科学、规范、透明的价格监管制度和反垄断执法体系基本建立,价格调控机制基本健全。"同时提出,要"创新公用事业和公益性服务价格管理。清晰界定政府、企业和用户的权利义务,区分基本和非基本需求,建立健全公用事业和公益性服务财政投入与价格调整相协调机制"。在此基础上,2017年8月23日,国家发展改革委出台了《关于进一步加强垄断行业价格监管的意见》,要求"按照'准确核定成本、科学确定利润、严格进行监管'的思路,以成本监审为基础,以科学定价机制为支柱,建立健全以'准许成本+合理收益'为核心的约束与激励相结合的垄断行业定价制度,实现科学化、精细化、制度化、透明化监管,促进垄断行业健康可持续发展,合理降低垄断行业价格。"同时提出,要"切实转变价格监管的理念、方式、手段,不断完善成本监审制度、价格形成机制,强化成本约束,合理形成价格,增强企业降本增效的内生动力,保障社会公共利益……到 2020 年，网络型自然垄断环节和重要公用事业、公益性服务行业定价办法、成本监审办法基本实现全覆盖，科学、规范、透明的垄断行业政府定价制度基本建立。"同年 11 月 8 日，国家发展改革委出台了《关于全面深化价格机制改革的意见》，提出要进一步深化垄断行业价格改革，加快完善公用事业和公共服务价格机制，区分竞争性与非竞争性环节、基本与非基本服务，稳步放开公用事业竞争性环节、非基本服务价格，建立健全科学反映成本、体现质量效率、灵活动态调整的政府定价机制"。

综上可见，自十八大特别是十八届三中全会以来，我国的价格改革特别是公用事业领域的价格改革持续推进、不断深化。无论是价格改革的顶层设计，还是具体价格改革的制度设计，都取得了重大进展，这为后续价格改革的深化奠定了非常坚实的基础，也预示着我国公用事业价格改革进入快车道。

二、价格改革成为公用事业市场化改革的方向

随着我国市场经济发展的逐步深入，传统的具有自然垄断行业的公用事业市场化改革也在逐步推进当中。特别是自 20 世纪 90 年代以来，公用事业政企合一和垄断经营模式弊端日益凸显，为了推动公用事业改革，政府开始出台相关法律法规和政策。[1] 2002 年，建设部出台《关于加快市政公用行业市场化进程的意见》，明确提出要加快推进市政公用行业市场化进程，引入竞争机制。2003 年，中共十六届三中全会通过的《中共中央关于完善社会主义市场经济体制若干问题的决定》指出，放宽市场准入，

---

[1] 刘戒骄："我国公用事业运营和监管改革研究"，载《中国工业经济》2006 年第 9 期。

第一章 公用事业价格规制的基本理论及法律框架

允许非公有资本进入法律法规未禁入的基础设施、公用事业及其他行业和领域；加快推进和完善垄断行业改革；对垄断行业要放宽市场准入，引入竞争机制。2004年，建设部发布《市政公用事业特许经营管理办法》，提出鼓励社会资金和外国资本以多种形式参与城市公用事业建设。2005年，《国务院关于鼓励支持和引导个体私营等非公有制经济发展的若干意见》正式以国家政策的形式允许非公有资本进入垄断行业和领域，允许非公有资本进入公用事业和基础设施领域，允许非公有资本进入社会事业领域，政府应当加大对其在财税金融方面的支持力度。

上述政策的出台，明确了我国公用事业改革的市场化方向，主要是从市场准入出发，允许和鼓励社会资本进入公用事业领域，逐步打破公用事业的自然垄断地位，并在监管中逐步实现政企分开，优化政府监管职能。市场准入作为经济性规制的重要手段，对于公用事业垄断地位的破冰具有重要意义，但是，公用事业真正的市场化运行可能还有很长的路要走，其核心应当是价格机制改革。

2013年十八届三中全会《中共中央关于全面深化改革若干重大问题的决定》提出："完善主要由市场决定价格的机制。凡是能由市场形成价格的都交给市场，政府不进行不当干预。"2015年，中共中央、国务院《关于推进价格机制改革的若干意见》提出，价格机制是市场机制的核心，市场决定价格是市场在资源配置中起决定性作用的关键。正确处理政府和市场关系，凡是能由市场形成价格的都交给市场，政府不进行不当干预。推进水、石油、天然气、电力、交通运输等领域价格改革，放开竞争性环节价格，充分发挥市场决定价格作用。到2017年，竞争性领域和环节价格基本放开，政府定价范围主要限定在重要公用事业、公益性服务、网络型自然垄断环节。到2020年，市场决定价格机制基本完善，科学、规范、透明的价格监管制度和反垄断执法体系基本建立，价格调控机制基本健全。由此，正式拉开了公用事业价格改革的序幕。

2017年8月23日，国家发展改革委出台《关于进一步加强垄断行业价格监管的意见》，提出要建立健全垄断行业科学定价方式，合理降低垄断行业价格；按照"准确核定成本、科学确定利润、严格进行监管"的思路，以成本监审为基础，以科学定价机制为支柱，建立健全以"准许成本+合理收益"为核心的约束与激励相结合的垄断行业定价制度，实现科学化、精细化、制度化、透明化监管，促进垄断行业健康可持续发展，合理降低垄断行业价格。2017年11月8日，国家发展改革委《关于全面深化价格机制改革的意见》明确提出加快完善公用事业和公共服务价格机制，区分竞争性与非竞争性环节、基本与非基本服务，稳步放开公用事业竞争性环节、非基本服务价格，建立健全科学反映成本、体现质量效率、灵活动态调整的政府定价机制。

上述文件表明，当前我国公用事业市场化改革已经进入新的阶段，即运用价格这一市场化杠杆，促进公用事业改革真正进入市场化的深水区。换言之，价格改革已经成为公用事业市场化改革的方向。因此，价格规制手段的运用在公用事业规制转型中至关重要。

三、价格规制较之其他经济性规制手段的优势

经济性规制的方法主要有进入规制、价格规制、质量规制、数量规制、投资规制、激励性规制等。[1]价格规制作为经济性规

---

[1] 王健等：《中国政府规制理论与政策》，经济科学出版社2008年版，第131页。

第一章 公用事业价格规制的基本理论及法律框架

制的一种方式，较之其他经济性规制手段到底有何优势，将决定价格规制手段在政府规制中的地位和作用。笔者认为，与其他经济性规制手段相比，价格规制手段确实有其内在的特殊之处，进而形成了自身的优势，这决定了价格规制手段在政府规制中有举足轻重的作用。

1. 弥补传统政府规制手段的不足

如前所述，规制本身有非常悠久的历史，但随着社会实践的发展变化，规制手段本身也在不断地转型与创新。传统政府规制更多地依赖事前的进入规制手段，即对市场主体进入特定市场设置较高的门槛，通过严格限制市场主体进入的方式达到监管的目的。但是，随着市场经济发展的不断深入，这种事前监管方式的正当性与合理性受到越来越多的批评与质疑，被认为阻碍了市场竞争、产品创新和公众福利。在此背景下，传统政府监管手段的不足逐步凸显，从事前规制到事中事后规制成为政府规制转型的必然选择。价格规制作为一种典型的事中规制手段，无疑契合了此种转型的要求，对于弥补传统政府规制手段的不足具有重要的意义。

2. 契合市场机制的内在要求

政府规制是为了弥补市场机制的不足而产生的，旨在更好地促进市场机制作用的发挥。从这个角度而言，政府规制手段的选择应当与市场机制相契合，它既可以弥补市场机制的不足，又可以促进市场经济的发展。传统的市场进入规制、数量规制、质量规制，虽然都可以在一定程度上弥补市场机制的不足，但是，这些规制手段与市场机制的内在要求之间可能存在一定冲突。市场进入规制限制了市场主体的数量，影响市场竞争的获利；数量规制作为一种计划经济手段，在市场经济背景下，无法进行科学的计算；质量规制受不同行业、不同产品或者服务本身的特殊性所限，往往难以制定一个可操作性的标准，这将极大地制约其功能的发挥。价格作为市场经济中最重要的要素，是最能体现市场需求的符号。因此，价格规制手段最契合市场机制的内在要求，政府通过价格手段，可以实现对资源的有效配置，合理调控市场竞争，实现公共利益的最大化。

3. 符合加强事中事后监管的趋势

2015年10月13日，国务院印发《关于"先照后证"改革后加强事中事后监管的意见》，要求"转变市场监管理念，明确监管职责，创新监管方式，构建权责明确、透明高效的事中事后监管机制，正确处理政府和市场的关系，维护公平竞争的市场秩序。"由此，加强事中事后监管从理论倡导转变成国家政策，成为未来我国政府监管的发展趋势。价格规制属于一种典型的事中监管措施，高度符合加强事中事后监管的趋势。而且，近年来，中共中央、国务院、国家发展改革委等部门多次下发文件[1]，要求不断完善价格机制。因此，在可以预见的未来，价格规制将在政府规制中扮演更加重要的角色，当然，如何发挥价格规制的作用将在摸索中不断前进。

四、价格规制在公用事业政府规制中的重新定位

上述分析表明，中华人民共和国成立以来，由于我国经济体制的变化，价格管理机制也发生了重大变化，可以说价格规制经

---

[1] 这些文件包括：2015年10月12日，中共中央、国务院出台的《关于推进价格机制改革的若干意见》；2017年8月23日，国家发展改革委出台的《关于进一步加强垄断行业价格监管的意见》；2017年11月8日，国家发展改革委出台了《关于全面深化价格机制改革的意见》。

历了一个不断完善的过程。在这个探索的过程中，随着理论研究的不断深入和价格管理实践经验的不断积累，无论是理论研究者还是国家政策制定者，都基本达成共识，即价格改革将成为公用事业市场化改革的方向。国家层面不断反思当前价格管理机制存在的问题，价格改革在新时代拉开序幕。

价格规制较之其他规制手段的优势是明显的，特别是其更加契合市场机制的内在要求，这就决定了未来价格规制将成为经济性规制的主要手段，并在未来政府规制中发挥决定性作用。特别是在关涉公众基本权益和社会公共利益的公用事业领域，价格规制将发挥更加重要的作用。然而，当前我国价格规制无法满足公用事业规制实践的内在要求，不利于公用事业的发展和公共服务的提供，这要求未来公用事业价格规制必须转型。具体而言，应当从规制理念、规制主体、规制方式、规制程序以及规制中的法律救济等方面不断完善，如此才能真正发挥价格规制在公用事业规制中的决定性作用。

第三节　公用事业价格规制的法律框架

价格规制作为政府规制的一种重要方式，本质上仍然是一种政府行为，理论上属于行政行为的范畴。在公用事业领域，相关商品或服务与公众生产生活密切相关，因此，对于此种价格规制应当提出更高的要求，这既需要通过有效的价格规制保障基本公共产品或服务的有序提供，又需要严格规范规制机构的行为，以防价格规制本身带来的负面作用，影响公共产品或者服务提供的质量。按照规制的一般理论并结合行政法原理，笔者认为，公用事业价格规制的法律框架至少应当包括以下内容：

一、公用事业价格规制的理念

法律理念对法律的运作有巨大的导引作用。法律理念不仅为法律发展指明奋斗目标和价值追求，还为人类实现这些奋斗目标和价值追求提供具体方案、方式和方法。要保证法律的有效实施，不仅需要运用法律理念对具体法律行为进行分析、评判，对法律规范适用进行认知和优选，还需要依据法律理念把握立法精神和对法律成本收益进行效益判断，从而确立最佳实施方案。如果执法者和司法者缺乏正确的法律理念，就非常容易出现执法或司法偏差，甚至出现执法或司法专横，而守法者一旦缺乏法律理念的引导，就不可能自觉运用和遵守法律，永远只能做"法律的奴隶"。[1]

价格规制手段需要借助法律之手来确立具体规则，既定规制的执行则涉及执法、司法等方面的问题。因此，价格规制的理念将从根本上影响立法、执法和司法，最终影响价格规制功能的发挥。在计划经济背景下，政府对价格实行严格管制，市场机制几乎无从发挥作用。而在市场经济背景下，则要求充分发挥市场机制的作用。自中共十八大、十九大以来，中央层面更是多次提出要"发挥市场在资源配置中的决定性作用"。价格是市场机制的核心要求，如何正确使用价格规制这一工具，将从根本上决定能否发挥市场在资源配置中的决定性作用，而坚持何种理念对于价格规制工具的使用及其功能的发挥至关重要。

公用事业属于社会最基础的经济行业，它对国民经济的其他行业起到一种基础支撑作用。例如，能源供应往往被人们视为各行业的"血脉"或"骨髓"。有学者认为公用事业产品属于社会

---

[1] 李双元、蒋新苗、蒋茂凝："中国法律理念的现代化"，载《法学研究》1996年第3期。

第一章 公用事业价格规制的基本理论及法律框架

必须生产和拥有的"优良产品",美国学者 R. A. 穆斯格拉弗就认为"尽管存在着消费者个体对不同产品的偏好,但社会必须鼓励这种优良产品的供应"。[1]因此,公用事业产品或者服务价格的确定往往与公共利益相关,而确定价格既需要考虑市场机制的作用,又不能完全按照市场决定价格的规则,而是需要处理好政府与市场的关系。在此基础上,到底按照何种理念开展政府价格规制,将直接决定价格规制的效果。

事实上,随着我国经济体制实现从计划经济到市场经济的转变,以及市场经济水平的不断提升,公用事业价格规制理念也必须进行不断革新,因为计划经济背景下的价格规制理念与市场经济背景下的价格规制理念有着天壤之别,即便是在市场经济背景下,不同阶段也会存在较大差异。而且,我国的市场经济是具有中国特色的社会主义市场经济,这就决定了我国的价格规制理念也具有自己的特殊性。在计划经济时代,全面价格管制是计划经济的重要组成部分,公用事业部门也基本完全由政府直接投资和垄断经营。1978 年改革开放后,我国逐渐放松价格规制,但是,这种价格规制的放松主要限于一般的商品或服务,对于公用事业领域的价格规制改革仍然较为滞后。20 世纪 80 年代末期,我国开启公用事业改革。目前,公用事业改革已经步入真正的深水区,其核心就是实现真正的市场化,充分发挥市场机制的作用,特别是价格机制的作用。在此背景下,需要革新传统的价格规制理念,构建符合中国实际需求的放松规制。

由此可见,随着我国公用事业市场化进程的不断推进,价格规制理念也需要随之革新,唯有如此,才能确保价格规制符合市场经济的要求。目前,由于受各种因素的影响,特别是基于公用

---

[1] R. A. Musgrave, *Public Finance in Theory and Practice*, McGraw-Hill, 1984, p. 223.

事业本身的特殊性,对其应当采取何种规制理念,理论上仍然存在一定的争议,从而导致实践中也偏于保守。长期下去,这可能影响我国公用事业服务的水平和质量,最终影响公众福利。

二、公用事业价格规制的主体

价格规制的主体,即价格规制的实施者,是指对公用事业的价格展开规制的主体。价格规制的主体对于价格规制工作的开展尤为重要,其实际上相当于价格规制的发起者。规制主体能否公正、合理地行使价格规制的职权,将直接决定价格规制的实效。"规制者必须经常地以消费者与企业双方利益的最大化(经济福利最大化)为行动基准。但规制者未必能保证遵循经济福利最大化的行动基准而行动。规制者有时候由于与被规制企业的密切关系而强调维护企业利益的立场,反之,也有可能偏重消费者利益的行动。"[1]

因此,构建一个独立、公正、权威的价格规制机构是实现科学、合理价格规制的前提。同时,由于政府规制机构本身是一个复杂的组织体系,不但有经济性规制机构和社会性规制机构之分,而且不同国家乃至同一国家的规制机构的设置形态(包括组织类型、组织位阶、组织结构、人事制度、经费安排等)、功能定位、权力配置及运作程序等也不是整齐划一的。[2]这就决定了构建价格规制主体是一个非常复杂的系统工程,既需要理论上的精细设计,也需要立法实践中的灵活运用。

理论上,根据规制机构相对于传统行政部门的独立程序,规

---

[1] [日]植草益著,朱绍文等译:《微观规制经济学》,中国发展出版社1992年版,第61页。

[2] 马英娟:《政府监管机构研究》,北京大学出版社2007年版,第28页。

制机构的设置模式可以分为三类：合并型模式、独立型模式和隶属型模式。三种模式各有优劣，需要结合国情予以选择。经过多年的市场化改革，我国公用事业领域目前主要采取隶属型模式。但是，在公用事业价格规制方面，我国目前采取较为特殊的设置模式，即公用事业的价格规制权基本都由国务院价格主管部门（即国家发展改革委）负责，这就在事实上造成了公用事业价格规制和其他规制的规制机构相分离的局面。此种特殊的设置模式，既有自身的优势，也面临一些问题，包括规制机构的独立性不足影响规制功能的发挥，价格规制机构职能交叉重叠、多头监管，行业规制机构的价格规制权不足影响规制实效，等等。因此，只有构建一个独立、公正、权威的公用事业价格规制机构，才能真正发挥价格规制在公用事业规制中的关键作用。从这个角度而言，规制机构的科学设置，对于公用事业价格规制具有重要的影响。而如何结合我国国情，科学设置公用事业价格规制机构，也将在公用事业价格规制的法律框架中扮演重要角色。

三、公用事业价格规制的方式

价格规制的方式是价格规制主体在具体的价格规制实践中可以采用的方法和手段，其本质上是一种行政行为。价格规制主体开展规制活动的具体方式，实际上是不断变化的。传统上，行政机关基于管理思维往往乐于采取行政许可、行政处罚、行政强制等刚性手段，以期实现立竿见影的效果。现代服务行政的兴起，则要求行政机关更多采取行政合同、行政指导、信息公开等柔性手段，以更好地实现行政管理目标。[1]

---

[1] 尹少成：《邮政业监管的行政法研究》，中国政法大学出版社2016年版，第103页。

因此，在我国市场经济发展不断深入，中央重申要充分发挥市场在资源配置中的决定性作用的背景下，价格规制方式的选择非常值得研究。传统严格管制的方式显然已经不适应现代市场经济对价格的要求。现代政府规制方式的转型和重塑，要求充分结合当前公用事业发展的实际需求，寻求一种新的平衡。

定价是公用事业价格规制的重要形式，我国《价格法》规定了三种定价方式，并明确了各自的适用范围。在实践中，公用事业领域仍然主要采取政府定价模式，近年来随着垄断行业改革的推进，开始引入政府指导价。但是，在公用事业价格规制改革的背景下，三种定价方式的适用范围也需要适当调整，以更好地适应现实的需要。政府定价或者政府指导价为主的定价模式，虽然在稳定公用事业价格、保护公众合法权益方面具有非常重要的作用，但是由于这种定价模式对市场的关注明显不足，也会产生诸多问题。首先，政府定价模式不能真实反映公用事业产品或者服务的价格。其次，政府定价模式不利于公用企业的技术和管理创新。最后，政府定价模式最终可能损害社会公众的利益。因此，逐步缩小政府定价和政府指导价的适用范围，形成以市场调节价为主、政府指导价为辅的定价机制，将是未来公用事业定价的发展方向。同时，还需要注意协调好价格规制与反垄断、反不正当竞争之间的关系。

同时，价格的确定离不开科学的价格成本监审制度，该制度对于合理确定公用事业产品或者服务价格至关重要，也是政府定价和政府指导价运行的重要基础。此外，公用事业市场化机制引入后，也需要高度重视因此所引发的垄断和不正当竞争问题。因此，反垄断和反不正当竞争两种市场化背景下的重要规制手段，也应当在公用事业价格规制法律框架中承担重要使命。

四、公用事业价格规制的程序

程序是与实体相对应的一个概念，程序关心的是形成决定的过程，而实体关心的是决定的内容。[1]价格规制的程序是指按照一定的方式、步骤、时间和顺序作出价格规制决定的过程。价格规制本身是一项行政权力，由于公权力具有强制性，其滥用极易侵犯公民的权利，法律往往对权力行使的程序作出明确规定，以确保权力行使的理性、公正。

由于公用事业的价格与公众的切身利益息息相关，公用事业产品或者服务价格的制定应当按照公开、透明的原则进行，并且充分听取公众的意见和建议，这是现代行政程序对政府规制的基本要求。由此，如何科学设置价格规制的程序，让价格规制遵循公开、透明的法律原则，并充分保障公众的参与权利，是未来价格规制过程中必须予以高度重视的问题。

在《价格法》规定的三种定价方式中，政府定价和政府指导价需要按照法定程序确定，而市场调节价由于根据市场确定价格，政府通常不能且无需干涉。因此，价格规制的程序构造主要集中在政府定价和政府指导价中。《价格法》第23条规定："制定关系群众切身利益的公用事业价格、公益性服务价格、自然垄断经营的商品价格等政府指导价、政府定价，应当建立听证会制度，由政府价格主管部门主持，征求消费者、经营者和有关方面的意见，论证其必要性、可行性。"可见，价格听证是政府定价和政府指导价非常重要的法定方式。在此过程中，价格规制中的信息公开和价格听证程序的完善是重中之重。信息公开的不完

---

[1] 应松年主编：《行政程序法》，法律出版社2009年版，第2页。

善，一方面可能导致在确定政府定价或者政府指导价时缺乏重要的考虑因素，使得最终的政府定价或者政府指导价偏离客观实际；另一方面也会导致公众对公用事业产品或者服务的定价产生疑问，从而影响政府公信力。

此外，在保障公众参与的过程中，价格听证是一项重要的制度安排。尽管听证制度在我国已经有多年历史，但其在实践运行中仍然存在诸多问题。如何进一步完善价格听证制度，仍然是一个值得高度关注的问题，也是进一步扩大公用事业定价中公众参与的重要途径。

五、公用事业价格规制的监督与救济

公用事业价格规制作为一种价格监督机制，本身也离不开监督与救济。同时，由于价格规制本身涉及行政权力的行使，为了防止这种价格规制本身被"俘获"，相应的监督机制和法律救济途径的存在就显得不可或缺了。完善价格规制监督机制和法律救济途径，可以为价格规制提供事后保障，从而使得公用事业价格规制真正发挥正向功能。就监督而言，笔者将重点围绕公用事业政府补贴制度展开，因为政府补贴是对公用事业政府定价和政府指导价的重要补充。然而公用事业政府补贴制度在实际运行中也暴露出了各种问题，亟须予以规范和监督。法律救济则是指价格规制权在行使过程中存在违法或者不当，进而侵犯个人权益或者公共利益时，应当赋予相关主体以法律救济权，包括行政复议与行政救济等，但二者的适用范围、提起主体等都值得进一步研究。

第二章
理念革新：公用事业价格的市场化转型及其规制创新

从词源上考察，"理念"一词源自古希腊文，原意是指见到的东西，即形象。柏拉图在其创立的理念论中剔除了"理念"一词的感性色彩，用来指理智的对象，即理解到的东西。亚里士多德继承并发展了柏拉图的理念论，他认为客观的理念并不与事物分离，它存在于事物之中。黑格尔则将理念看作世界的本质，认为其是理性构成世界的元素。[1]

在我国，也有为数不多的几位学者对"法律理念"及其有关问题进行了探讨和研究。我国台湾地区法学家史尚宽先生认为，"法律制定及运用之最高原理，谓之法律之理念"。以此为基点，史尚宽先生着重对法律理念与法律概念、法律目的、法律观念及法律理想之间的区别作了深入的分析。"法律之概念，谓'法律为何者'；法律之理念，谓'法律应如何'。"而法律理念与法律目的的区别则在于"法律之理念，为法律的目的及其手段之指导原则。""理念为理性之原理"，不同于感性的法律观念。至于法律理念与法律理想的区别，史尚宽先生则说得更为明确："理念与理想不同。理念为原则，理想为状态。理念为根本原则，为一无内容无色透明的不变之原则，基于理念作成理想状态，具体的

---

[1] 李双元、蒋新苗、蒋茂凝："中国法律理念的现代化"，载《法学研究》1996年第3期。

实现理念之状态为理想。"〔1〕

法律理念就是对法律的本质及其发展规律的一种宏观的、整体的理性认知、把握和建构、一种理智的思想、一种方法、一种态度，是认识论、方法论和本体论有机结合的产物。法律理念作为一种理性认知形态，来源于法律实践，必然反作用于法律实践。因此，正确的规制理念将对价格规制产生非常深远的影响，既影响规制目标的确立、规制机构的构建，也影响规制方式的选择、规制程序的遵循，还影响价格规制监督和救济机制的构建。在我国公用事业改革和转型的大背景下，要充分发挥价格规制的作用，首先需要实现规制理念的革新。

第一节　价格规制理念变迁：从严格规制到放松规制

自20世纪70年代以来，英、美等西方国家公用事业管制改革的进程迅速加快。在由此开始的30余年的时间里，放松或解除管制运动似乎获得了经济学和法学界广泛的理论支持并大范围地付诸实施。但近年来，再管制的浪潮仿佛又有卷土重来之势。〔2〕可见，西方公用事业改革实际上也经历了"管制—放松管制—再管制"的进程。作为公用事业政府规制最重要的手段之一的价格规制，无疑也会经历类似的进程。经过40多年的改革，我国原来高度集中的计划经济体制已发生了根本性转变，绝大多数商品和服务的价格已经由市场竞争形成，逐步建立了以经济、法律手段

---

〔1〕 史尚宽："法律之理念与经验主义法学之综合"，载潘维和等：《中西法律思想论集》，汉林出版社1984年版，第259、263、260、262页。

〔2〕 周林军：《公用事业管制要论》，人民法院出版社2004年版，第11页。

第二章 理念革新：公用事业价格的市场化转型及其规制创新

为主，行政手段为辅的价格调控机制。[1]在此进程中，我国公用事业价格规制理念也在发生变迁。

一、传统价格规制理念：严格规制

价格规制理念受特定的政治、经济、文化和社会环境的影响，并处于不断变化之中。即便是传统的严格规制理念，在不同的历史时期，也会呈现出迥然不同的特点。

（一）计划经济下的严格价格规制

计划经济下的全面价格规制是传统社会主义计划经济理论的重要组成部分，其主张由国家价格管理部门有计划地制定和调整几乎所有的商品价格，以此取代自由市场价格，通过国家对计划价格的严格管理来避免价格的波动以及由此可能带来的经济波动和分配不公等经济和社会问题。[2]中华人民共和国成立伊始，受特殊政治环境和计划经济体制的影响，我国对包括公用事业在内的所有商品和服务的价格实行全面且严格的政府规制。从客观情况来看，由于长期处于战争的环境中，我国的生产力水平下降，商品严重短缺。1949年的工业总产值与全面抗战前的1936年相比，重工业下降70%，轻工业下降30%；农业生产与最高年产量相比，粮食下降80%，棉花下降52%，花生下降61.5%。[3]历史情况客观上要求对价格进行管制，防止价格的进一步上涨，这需

---

[1] 柳学信：《城市公用事业价格与财政补贴研究》，中国社会科学出版社2019年版，第49页。

[2] 邹积亮：《市场经济条件下的价格管制研究》（第2辑），经济科学出版社2012年版，第22页。

[3] 成致平主编：《中国物价五十年（1949~1998）》，中国物价出版社1998年版，第46页。

要建立一套适应当时形势的价格管理体制。在此背景下，我国政府逐步剥夺了经济主体的价格行为，形成了与计划经济体制相适应的计划价格管理体制。

这种计划经济下的严格价格规制也带来了负面影响，主要表现在四个方面：①过低的计划价格导致黑市的滋生；②过低的计划价格遏制了生产者的积极性；③计划价格影响了社会经济的发展；④计划价格的实施浪费了资源。计划价格下，价格凝固不变，这就人为地割断了价格与资源使用之间的内在联系。资源的分配主要依靠行政的力量，许多分配资源的重大决策是在没有经过任何科学论证的情况下武断作出的。因此，计划价格只有在特殊的历史时期才会起到稳定社会、稳定经济、稳定人民生活的作用。但从长期来看，计划价格对于经济发展以及在根本上提高人民生活水平都是不利的。[1]

就公用事业而言，自中华人民共和国成立以来，公用事业部门基本上实行了以政府直接投资和垄断经营为主导的政府管制体制。其主要特征是：企业由政府建，企业领导由政府派，资金由政府拨，价格由政府定，盈亏由政府统一负责，不存在什么经营风险，即实行政企高度合一的管理体制。[2]在这种高度集中的计划经济体制下，价格作为一个异常敏感的因素，必然需要政府统一确定，由此所衍生出来的价格规制理念也必然是异常严格的。公用事业产品或者服务的数量、质量、价格等均由政府进行严格计划和管理。

---

〔1〕 刘学敏：《中国价格管理研究——微观规制和宏观调控》，经济管理出版社2001年版，第22—27页。

〔2〕 王俊豪主笔：《中国政府管制体制改革研究》，经济科学出版社1999年版，第1页。

（二）改革开放背景下逐步放松价格规制

上述计划经济下的价格管理在我国延续了近30年。1978年，党的十一届三中全会以后，开始在计划经济中引入市场，注入市场的活力，市场价格才开始对经济生活发生作用。1979年提出建立计划调节和市场调节结合的体制，严格价格规制开始放松，中央逐步对长期积累下来的不合理的价格体系有重点、分期分批地进行积极而又慎重的调整和改革（见表2-1）。

表2-1 改革开放以来我国价格控制解除的过程

时间	改革内容
1979年	三类农副产品价格率先放开，实行议价，缩小工农产品剪刀差。同年国务院决定提高煤价，标志着矿产品价格改革开始，解决原材料价格和加工制成品不合理的比价问题。
1982年	分期分批逐步放开轻工业、手工业领域的小商品价格。
1982年7月	确定了三种价格形式：国家定价、国家规定范围内的企业定价、集市贸易价。
1986年8月	逐步建立起对极少数重要商品和劳务由国家定价，其他大量商品和劳务分别实行国家指导价格和市场调节价格的制度。这时农产品收购类实行国家定价的有17种，实行国家指导价的有11种，农产品销售类有国家定价的14种，国家指导价的4种，农产品出厂价有国家定价的6种，工业消费品类有国家定价的50种，重工产品类有国家定价的730种，运输邮电类有国家定价的5种，总计为837种。实行国家定价和国家指导价格的商品约占市场零售商品总值的66%，实行市场调节价格的商品约占零售商品总值的34%。
1987年9月	确定价格管理实行直接管理和间接控制相结合的原则，实行国家定价、国家指导价和市场调节价三种价格形式。

续表

时间	改革内容
1992 年	农产品、轻工产品、重工业品和交通运输列入实行中央政府一级定价的品种共计 121 种（类），包括农产品 9 种、轻工产品 22 种、生产资料 89 种、物资收费 1 种。
1997 年 12 月	政府在必要时对下列商品和服务价格实行政府指导价或政府定价：①与国民经济发展和人民生活关系重大的极少数商品价格；②资源稀缺的少数商品价格；③自然垄断经营的商品价格；④重要的公用事业价格；⑤重要的公益性服务价格。其余商品实行场调节价格，经营者依法自主制定。

资料来源：根据成致平《价格改革若干大事聚焦》（中国物价出版社 2002 年版）第 311—322 页整理。

综上可见，改革开放以来，我国价格改革成绩斐然，经过多年的努力，价格改革"一枝独秀"。[1]价格体制改革的成就主要表现为以下三个方面的转变：①实现了政府从管理绝大多数商品的价格到只管理少数商品和劳务的价格的转变；②实现了政府从管理微观价格到管理宏观价格的转变；③实现了对于价格的管理从行政命令到法制化的转变。[2]

但是，这种价格规制的放松主要限于一般的商品或服务，对于公用事业领域的价格规制改革仍然较为滞后。《价格法》所规定的政府指导价或政府定价的范围主要还是集中在公用事业领域。而且，由于政府定价机制的不完善，政府定价实际上成了政府批准价格，未能反映商品或服务的社会平均成本、市场供求关系、国民

---

[1] 张卓元主编：《新价格模式的建立与市场发育的关系》，经济管理出版社 1996 年版，第 3 页。
[2] 刘学敏：《中国价格管理研究——微观规制和宏观调控》，经济管理出版社 2001 年版，第 35—37 页。

第二章　理念革新：公用事业价格的市场化转型及其规制创新

经济与社会发展要求以及社会承受能力等立法明确要求考量的因素。因此，公用事业的价格规制仍然实行较为严格的规制理念。

二、现代价格规制理念：放松规制

我国公用事业领域具有明显的自然垄断特征。所谓自然垄断，通常是指这样一种生产技术特征：面对一定规模的市场需求，与两家或更多的企业相比，某单个企业能够以更低的成本供应市场。自然垄断一般出现在公用事业产业（电力、电信、天然气和供水）及运输业（铁路、管道）。在这些产业中，过多企业的进入可能导致传送网络和其他设施（如电缆、输油管和铁轨等）高成本的重复投资。[1]

自然垄断的存在为政府开展进入、价格和服务质量等方面的规制提供了必要性和正当性基础。自20世纪60年代后期以来，西方发达国家的公用事业管制的制度性缺陷日益显现，如管制带来的过高的社会成本、管制效率的低下、管制机构的行为偏离了既定的社会、经济目标等。为此，许多人反过头来又开始关注"管制失灵"问题。在这一社会背景下，自由市场主义等社会、政治、经济思潮又开始重新酝酿并且得以迅速发展。西方国家由此又开始了漫长的放松管制历程。[2]放松规制理论强调在市场机制可以发挥作用的行业，应逐步完全或部分取消被规制行业的进入、价格等方面的规制，从而达到促进各企业间有效竞争、提高生产效率、增进社会福利的目的。[3]

---

〔1〕［美］丹尼尔·F. 史普博著，余晖等译：《管制与市场》，上海三联书店、上海人民出版社1999年版，第4页。

〔2〕周林军：《公用事业管制要论》，人民法院出版社2004年版，第45页。

〔3〕胡峰、曹荣光：《我国自然垄断行业价格规制研究》，中国经济出版社2015年版，第36页。

我国公用事业改革始于20世纪80年代末期，鉴于公用事业垄断经营、政企合一、政监不分等弊端凸显，我国开始改革公用事业建设、运营和管理体制，并出台了相关法规和政策。这种变革大致经历了三个阶段：①政企合一阶段；②市场化改革阶段；③规模扩张和监管变革并举阶段。[1]目前，公用事业改革已经步入真正的深水区，其核心就是要实现真正的市场化，充分发挥市场机制的作用，特别是价格机制的作用。在此背景下，需要革新传统的价格规制理念，构建符合中国实际需求的放松规制。

价格机制改革在全面深化经济改革中具有重要地位和作用。党的十八大以来，随着我国各项事业的改革进入深水区，价格改革也是成效显著，既有中共中央、国务院关于价格改革的顶层设计，也有国家发展改革委和地方各级发展改革委为落实中央改革方案所实施的具体制度设计。

表2-2 党的十八大以来我国放松价格规制的主要政策

时间	文件	主要内容
2013年11月	党的十八届三中全会通过的《中共中央关于全面深化改革若干重大问题的决定》	完善主要由市场决定价格的机制。凡是能由市场形成价格的都交给市场，政府不进行不当干预。推进水、石油、天然气、电力、交通、电信等领域价格改革，放开竞争性环节价格。政府定价范围主要限定在重要公用事业、公益性服务、网络型自然垄断环节，提高透明度，接受社会监督。完善农产品价格形成机制，注重发挥市场形成价格作用。

---

[1] 郁秋艳："我国城市公用事业监管体系改革研究"，吉林大学2016年博士学位论文。

续表

时间	文件	主要内容
2015年10月	《中共中央、国务院关于推进价格机制改革的若干意见》	价格改革的主要目标是：到2017年，竞争性领域和环节价格基本放开，政府定价范围主要限定在重要公用事业、公益性服务、网络型自然垄断环节。到2020年，市场决定价格机制基本完善，科学、规范、透明的价格监管制度和反垄断执法体系基本建立，价格调控机制基本健全。
2015年10月	党的十八届五中全会通过的《中共中央关于制定国民经济和社会发展第十三个五年规划的建议》	减少政府对价格形成的干预，全面放开竞争性领域商品和服务价格，放开电力、石油、天然气、交通运输、电信等领域竞争性环节价格。
2015年10月	国家发展改革委《中央定价目录》	定价范围大幅缩减，种类由13种（类）减少到7种（类），约减少46%。具体定价内容由100项左右减少到20项，约减少80%。同时，各省级价格主管部门也相继制定出台了本省（自治区、直辖市）的地方定价目录。地方具体定价目录约20类，平均缩减了约50%。
2016年6月	《国家发展改革委关于加强政府定价成本监审工作的意见》	进一步明确成本监审制度作为政府制定和调整价格的重要程序的地位，要求成本监审项目实行清单管理，通过发布目录明确成本监审项目内容和具体形式，列入目录的商品和服务，未经成本监审，不得制定或调整价格。
2017年8月	《国家发展改革委关于进一步加强垄断行业价格监管的意见》	主要目标：到2020年，网络型自然垄断环节和重要公用事业、公益性服务行业定价办法、成本监审办法基本实现全覆盖，科学、规范、透明的垄断行业政府定价制度基本建立。

续表

时间	文件	主要内容
2017年11月	《国家发展改革委关于全面深化价格机制改革的意见》	主要目标：到2020年，市场决定价格机制基本完善，以"准许成本+合理收益"为核心的政府定价制度基本建立，促进绿色发展的价格政策体系基本确立，低收入群体价格保障机制更加健全，市场价格监管和反垄断执法体系更加完善，要素自由流动、价格反应灵活、竞争公平有序、企业优胜劣汰的市场价格环境基本形成。
2017年10月	《决胜全面建成小康社会 夺取新时代中国特色社会主义伟大胜利——在中国共产党第十九次全国代表大会上的报告》	加快要素价格市场化改革，实现产权有效激励、要素自由流动、价格反应灵活、竞争公平有序、企业优胜劣汰的社会主义市场经济体制。
2020年10月	党的十九届五中全会通过的《中共中央关于制定国民经济和社会发展第十四个五年规划和二〇三五年远景目标的建议》	坚持和完善社会主义基本经济制度，充分发挥市场在资源配置中的决定性作用，更好发挥政府作用，推动有效市场和有为政府更好结合。推进能源、铁路、电信、公用事业等行业竞争性环节市场化改革。

综上可见，自党的十八大以来，在党中央、国务院的正确领导下，我国价格领域的放松规制取得了令人瞩目的成绩，即便是在公用事业等垄断行业，放松规制的改革也在不断推进。虽然公用事业领域的放松规制仍然处于起步阶段，离真正的市场化还有较长的路要走，但是，这为我国公用事业价格规制的转型提供了非常好的政策环境，且后续仍然有诸多值得期待之处。

第二节 价格规制目标之争：从公共利益到私人利益的平衡

所谓目标（objective），是指想要实现的目的或想要达到的境地。[1]价格规制目标就是通过价格规制所想要实现的目的。价格规制理念与目标有非常密切的联系，一般而言，理念决定目标，目标也会反过来影响理念。

一、公共利益理论与私人利益理论之争

政府规制理论一般认为：市场失灵是一种普遍存在的现象，需要政府规制加以弥补。政府规制的目标是通过纠正市场失灵来维护社会公共利益。按照正统的公共利益学说，规制的目的在于防止自然垄断的公用企业滥用市场势力，从而保护消费者的权利，或者说对公用事业的规制是为了达到与公共利益相关的经济目标，因而往往被视为对市场竞争的"合法替代"。[2]该理论的逻辑本身蕴含着两个前提假设：一是，受自然垄断、信息不对称、外部性等因素的影响，市场在运行过程中经常会出现失灵；二是，政府有能力通过规制手段来纠正市场失灵，从而维护公共利益。这就是政府规制中的公共利益理论，认为通过政府规制可以有效弥补市场失灵，从而实现维护公共利益的目标。该理论在很长一段时间内作为正统理论在管制经济学中居于支配地位。

---

[1] 中国社会科学院语言研究所词典编辑室编：《现代汉语词典》（修订本），商务印书馆1996年版，第903页。

[2] 周林军：《公用事业管制要论》，人民法院出版社2004年版，第49—50页。

管制俘获理论首先对公共利益理论进行了质疑,其创立者施蒂格勒认为,"管制通常是产业自己争取来的,管制的设计和实施主要是为受管制产业的利益服务的"。[1]施蒂格勒进一步分析道,管制在某种程度上是产业集团和政治家利益交换的过程,为了实现产业集团对利益的追求,管制机构运用了一切可以使用的手段。据此,其结论是:"政府监管,与其说是保护消费者免受剥削,不如说是保护生产者免受竞争的压力,并对不同的消费者集团的收入进行重新分配。"[2]之后的萨姆·佩尔兹曼则发展了施蒂格勒的理论,进而认为:"根据有组织的产业集团的需要制定的监管政策能够改变市场规则,为其谋取利益;该监管政策不利于无组织的产业、小企业和消费者,他们对监管政策的制定几乎没有影响力。"[3]这种政府规制导致的结果是,产业集团借助政府规制之力,进一步强化了垄断势力,降低了市场竞争,不但未能消除市场失灵的弊端,还可能使其负面效应进一步扩大。管制俘获理论认为,政府规制的初衷虽然在于弥补市场失灵,维护公共利益,但在实际运行过程中,其极可能导致规制者被被规制者"俘获",从而结成联盟,致使规制形同虚设,实质上只保护了少数私人的利益。

兴起于20世纪70年代的公共选择理论同样对政府因保护"公共利益"而对公用事业市场实施的规制政策的合理性进行了

---

[1] [美]乔治·J. 施蒂格勒著,潘振民译:《产业组织和政府管制》,上海三联书店1989年版,第210页。

[2] See Stigler, G. J., "The Theory of Economic Regulation", *Bell Journal of Economic and Management Science*, Vol. 2, No. 1, 1971, pp. 3-21; Sam Peltzman, " 'George Stigler' Contribution to the Economic Analysis of Regulation", *Journal of Political Economy*, Vol. 101, No. 5, 1993, pp. 818-832.

[3] Sam Peltzman, "Toward a More General Theory of Regulation", *Journal of Law and Economics*, Vol. 19, No. 2, 1976, pp. 211-240.

第二章 理念革新：公用事业价格的市场化转型及其规制创新

质疑。该理论认为，政府的行为仍然要从"经济人"的角度进行解释，即规制行为是受到规制者的有限理性支配的，实施规制的政府虽然不是一个人，但"政治和政治过程最终在交易范例中加以构造……政治家和官僚是内在组成部分"。[1]当规制者面临若干个可供选择的规制方案时，会像市场中其他具备有限理性的经济人一样选择使他的效用得到最大满足的方案。政府中的官僚们谋求的是他们自己的利益，而不是公共的利益或效率。[2]该理论将规制描述为规制者和被规制者之间进行的类似于市场的理性交易。根据该理论，产业集团受经济上的利益驱动，必然会利用其经济上的优势，在政治上扮演积极的角色，从而导致规制政策最终是为这些经济上具有显著优势的产业集团的利益服务。

管制俘获理论与公共选择理论都一致认为，政府规制在形式上可能是为维护公共利益，实质上却是在为私人利益服务，这种私人利益包括产业集团、政治家、规制官员等的利益，被统称为私人利益，这两种理论也因此被称为私人利益理论。

私人利益理论的出现与兴起，反映出政府亦不是万能的，政府规制同样面临诸多问题，需要反思其原因，并完善相关规制制度。从这个角度而言，私人利益理论的出现有其正当性与必然性，并对政府规制体制的完善具有启发意义。但是，私人利益理论对政府规制的评价并不全面，其对政府规制绩效的全面质疑又走向了另一个极端。虽然许多规制机构在设立之初即受到被规制产业的极力反对，但其在实际规制过程中起到了维护公共利益的作用。特别是社会性规制的兴起，如食品药品规制、环境保护规

---

[1] [美] 詹姆斯·M. 布坎南著，平新乔、莫扶民译：《自由、市场与国家——80年代的政治经济学》，上海三联书店1989年版，第40页。

[2] [美] A. 爱伦·斯密德著，黄祖辉等译：《财产、权力和公共选择——对法和经济学的进一步思考》，上海三联书店、上海人民出版社1999年版，第30页。

制、工作场所安全规制等，对公共利益和劣势劳动者合法权益的保护都产生了非常重要的作用。同时，随着社会公众对规制过程的公开透明的需求增强，规制者与被规制者寻租的空间也进一步被挤压，对规制者的监督方式和力度也会随之加强。这都对解决规制过程中存在的问题、完善规制体制，具有非常积极的意义。因此，就政府对公用事业价格规制的总体目标而言，维护公共利益仍然是其核心，因为公用事业在诸多方面涉及公众基本的生产生活。但是，为了进一步提高公用事业产品或服务提供的质量，还需要照顾被规制者的利益需求，以激发其不断进行创新的热情，因此，公用事业价格规制也不能过分关注公共利益而忽视被规制者的利益。

二、公共利益理论下的价格规制目标

公共利益理论诞生于19世纪中叶，成形于20世纪70年代，是经典的经济规制理论，公共利益理论是公共利益规制理论的简称。公共利益理论旨在强调：市场机制导致经济偏离一般均衡态势，必然会出现市场失灵，而政府作为公共利益的代表，为了维护和实现公共利益，应该对市场中的微观经济进行规制，进而纠正市场失灵，提高市场效率和增加社会福利。[1]如前所述，按照正统的公共利益学说，规制的目的在于防止自然垄断的公用企业滥用市场势力，从而保护消费者的权利，或者说对公用事业的规制是为了达到与公共利益相关的经济目标，因而往往被视为对市场竞争的"合法替代"。[2]因此，维护公共利益是价格规制的出

---

[1] 侯怀霞、张慧平：《市场规制法律问题研究》，复旦大学出版社2011年版，第24页。

[2] 周林军：《公用事业管制要论》，人民法院出版社2004年版，第49页。

第二章　理念革新：公用事业价格的市场化转型及其规制创新

发点，也是最终归宿，同时，公共利益也是价格规制的正当性基础。

但是，到底何为"公共利益"始终是不明确的。我国学者陈新民就曾指出："公共利益的概念极为抽象，为典型的不确定法律概念，本身除了具有利益内容的不确定及受益对象的不确定，随着国家任务范围的扩充及国家基本原则的实践，还可以改变旧有的公益概念并据以形成新的公益内容。"约翰·罗尔斯曾指出，公共利益具有两个特点，即不可分性和公共性。公共利益所具有的数量不能像私人利益那样被划分，不能由个人按照他们的偏爱多要一点或少要一点。同时，基于公共性的规模和不可分的程度，存在着各种各样的公共利益。[1]英国规制权威安东尼·奥格斯更是直接指出："如果想要列出一张表，能够全面列举作为规制正当化理由的公益目标，可以断定，任何这样的尝试都注定是徒劳的，因为'公共利益'的内涵将随着时间、地点及特定社会所追求的具体价值而改变。"[2]因此，公共利益概念本身的内涵是高度不确定的。

按照公共利益理论的要求，价格规制应当以维护公共利益为出发点和最终归宿，并努力实现社会公共福利最大化，通过价格规制形成被公众"普遍消费得起"的公用产品和公益产品。在公用事业领域，公共产品和服务与公众日常生活息息相关，而价格是公众最敏感的内容。而对于公用事业领域的价格规制，也需要分别对待，因为公用事业领域包括自然垄断性业务和竞争性业务两部分内容。在传统高度重视公共利益保护的理念下，通常对自

---

[1] [美] 约翰·罗尔斯著，何怀宏、何包钢、廖申白译：《正义论》，中国社会科学出版社1988年版，第266页。

[2] [英] 安东尼·奥格斯著，骆梅英译：《规制：法律形式与经济学理论》，中国人民大学出版社2008年版，第29页。

然垄断性业务和竞争性业务不做具体区分,或者即便进行区分,也基本是按照自然垄断性业务的思路开展监管。在这种思路的指导下,必然要实行较为严格的价格规制,以保障公众的普遍服务权利。但是,这种公共利益至上的理念,会导致公共产品或服务的提供者因坐拥垄断地位而缺乏创新意识和动力,导致公用事业整体行业水平较低,进而影响公共产品或服务提供的质量。从这个角度而言,公共利益理念指导下的价格规制,遵循较为严格的规制理念,一定程度上是以保护垄断和限制竞争为手段的,因而只能提供较低层次的公共产品或服务。

三、私人利益理论下的价格规制目标

管制俘获理论和公共选择理论对公共利益理论进行了强烈的质疑,认为政府规制是为私人利益服务的,包括产业集团和其他组织良好的利益集团的利益、政治家和监管官员的利益等。如管制俘获理论的开创者施蒂格勒就认为,政府规制,与其说是保护消费者免受剥削,不如说是保护生产者免受竞争的压力,并对不同的消费者集团的收入进行重新分配。[1]公共选择理论对传统管制抨击的激烈程度丝毫不亚于管制俘获理论。公共选择理论通过经济现象的政治展现来揭示政府管制行为的缺陷。政府行为仍然要从经济人的角度进行解释,管制行为是由管制者的有限理性支配的,当管制者面临若干个可选择的管制方案时,会像市场中其他具备有限理性的经济人一样选择使他的效用得到最大满足的方

---

[1] See Stigler, G. J., "The Theory of Economic Regulation", *Bell Journal of Economics and Management Science*, Vol. 2, No. 1, 1971, pp. 3-21; Sam Peltzman, "'George Stigler' Contribution to the Economic Analysis of Regulation", *Journal of Political Economy*, Vol. 101, No. 5, 1993, pp. 818-832.

第二章 理念革新：公用事业价格的市场化转型及其规制创新

案。[1]政府中的官僚们谋求的是他们自己的利益，而不是公共的利益或效率。[2]。

因此，管制俘获理论和公共选择理论背景下的私人利益并非社会公众私人（个人）的利益，而是公用事业垄断者和被俘获的规制者的私人利益。换言之，在公用事业价格规制过程中，作为被规制者的公共企业和规制者本身已经达成某种市场交易，公共企业通过规制机构的规制获得保护并获取巨额垄断利润，规制者则通过权力交易获取个人利益。在此私人利益指导下的价格规制，无疑背离了价格规制本身的定位，其仅代表个别人的利益，与公共利益完全相悖，因而不可能形成良好的规制效果。

事实上，真正意义上的私人利益，应当是与公共利益相对应的概念，包括被规制者和公共产品或服务的消费者的利益，不是个别人的个人利益，而是所有相关利益主体的私人利益。从这个层面而言，公共利益与私人利益并非一组绝对对立的概念，二者存在相当程度的一致性。诚如陈新民教授所言："以公益和私益的本质而言，公益概念并非绝对排斥由基本权利所赋予人民的私益。亦即，由以往两者系处于对立的立场，变为今日的并立立场，此由保障人民基本权利至国家措施亦可合乎公益要求，可以得见。"[3]

因此，从私人利益角度理解价格规制，需要重新认识私人利益的内涵。当前管制俘获理论和公共选择理论背景下的私人利益，是在对传统管制理论进行批判基础上形成的，因而也具有明

---

[1] 周林军：《公用事业管制要论》，人民法院出版社2004年版，第68页。
[2] [美] A. 爱伦·斯密德著，黄祖辉等译：《财产、权力和公共选择——对法和经济学的进一步思考》，上海三联书店、上海人民出版社1999年版，第30页。
[3] 陈新民：《德国公法学基础理论》（下册），山东人民出版社2000年版，第349页。

显的局限性。在该理念指导下的价格规制并不能真正实现公共利益与私人利益的平衡。

四、放松规制理念下的价格规制目标重构

自20世纪70年代末期以来,美国、英国等成熟市场经济国家对电信、电力、铁路、民航、石油及天然气输送、煤气、自来水等垄断行业的规制出现了放松的趋势,取得了良好的效果。在美国、英国的带领下,其他国家也争相效仿,各国和地区政府纷纷对本国垄断行业与公用事业放松规制、引入竞争。[1]在此背景下,放松规制成为垄断行业改革的趋势。

(一)放松规制的背景与目的

各国和地区放松规制运动始于20世纪70年代以后,主要基于以下背景:①20世纪70年代的两次石油危机使各国和地区经济停滞,财政赤字扩大,政府需要削减财政补贴,缩小行政费用庞大的政府管理部门,实现"小政府"的目标;②高新技术的发展使得自然垄断领域内形成了新企业加入所需的技术基础,通过规制来维持垄断和高度寡头垄断结构的根据已经薄弱;③20世纪70年代以后,各国家和地区在人、财、物、信息等所有方面都日益加强国际联系,迫切需要放松这些国际流动的规则;④规制的内在问题,包括企业无效率、规制成本负担加重、发生寻租成本等,引发要求放松和取消规制的强烈呼声。[2]

在放松规制浪潮下,无论采取何种形式,其目的都是通过竞

---

〔1〕 戚聿东、范合君:"放松规制:中国垄断行业改革的方向",载《中国工业经济》2009年第4期。

〔2〕 [日]植草益著,朱绍文等译:《微观规制经济学》,中国发展出版社1992年版,第167—168页。

第二章 理念革新：公用事业价格的市场化转型及其规制创新

争来提高服务水平，降低收费标准，使收费体系更加多样化，并促进技术革新。以垄断行业为例，放松规制效果非常明显。垄断行业通过引入竞争机制、放松规制，促使企业提高了效率、改进了服务、降低了价格，垄断行业焕发了生机。在美国，垄断行业放松规制改革所获得的综合收益巨大。美国消除进入规制和退出规制，放开价格，实行由市场来决定价格，从中获得的总收益每年可达350亿—460亿美元（以1990年美元价格计算）。[1]由于放松了规制，消费者从更低的价格和更好的服务中获得320亿—430亿美元的收益，而生产者可以从效率提高、成本降低中获得每年30亿美元的收益。[2]

（二）价格规制目标重构

放松规制理念对价格规制目标提出了新的要求，其核心是处理好公共利益与私人利益之间的关系、处理好公平与效率之间的关系。

在我国的现实状况下，政府规制应当把公共利益放在首位，但同时必须重视对私人利益的保护和尊重，正视合法的私人利益，处理好公私利益之间的关系以及不同私人利益之间的矛盾冲突。[3]具体到价格规制中，公共利益的保护就是要保障公众以支付得起的价格享受普遍公共服务，而对于超出普遍服务范畴的事项或者内容，可以通过价格杠杆提升产品或服务的质量，这是公用企业和部分消费者私人利益的保护。因为提高价格可以促进公用企业改进技术、提高产品或服务质量，而对于部分消费者而

---

〔1〕 Winston, C., "Economic Deregulation: Days of Reckoning for Microeconomists", *Journal of Economic Literature*, Vol. 31, No. 3, 1993.

〔2〕 戚聿东、范合君：＂放松规制：中国垄断行业改革的方向＂，载《中国工业经济》2009年第4期。

〔3〕 侯怀霞、张慧平：《市场规制法律问题研究》，复旦大学出版社2011年版，第32页。

言，以高价换取更好的产品或服务，也符合其私人利益，所以，既可以实现对公共利益的保护，还可以兼顾私人利益的需求。

另外，公共利益与私人利益的冲突与平衡实质上是公平与效率的问题。公共利益要求价格规制要保证公平，即社会公众能享受基本的普遍服务；私人利益强调价格规制要注重效率，应当通过价格手段提高公用事业提供者的能力。实现公平与效率之间的平衡，是价格规制需要实现的目标。

第三节　价格规制理念革新：市场化转型及其规制创新

传统上，政府对公用事业的价格规制主要采取垄断经营、政府定价模式，以不计效率为代价来保障公共产品或服务的有效供给。这在计划经济时代或市场经济初期具有其合理性，在市场经济日新月异，对外开放空前活跃的时代，政府必须革新规制理念，逐步放松规制，引入市场竞争机制，区分公用事业中的普遍服务和非普遍服务事项，根据不同公用事业行业特征采取不同的价格规制手段并不断创新。因此，科学合理的价格规制体系，首先要求树立正确的价格规制理念。在我国，公用事业具有更加特殊的地位，价格规制理念的革新需要重新定位政府与市场之间的关系，充分发挥市场在价格规制中的决定性作用，这样才有可能真正实现规制理念革新。

一、重新定位政府与市场之间的关系

政府与市场的关系问题，在西方学术界一直争论不休，我国在这一问题上经历了认识上的萌芽，甚至实践上的试错。对市场

第二章 理念革新：公用事业价格的市场化转型及其规制创新

的认识由意识形态属性演变为资源配置手段，从计划经济到"公有制为基础的有计划的商品经济"，再到社会主义市场经济，从政府主导到市场自发，从经济建设型政府到公共服务型政府，这些重大突破都是对市场和政府的关系认识深化和实践探索的结果，并在重要政策文献的不同表述中得以具体呈现。[1]通过梳理可知，政府与市场关系的理论主要经历了经济自由主义、凯恩斯主义、新自由主义和新凯恩斯主义四个阶段。西方经济学中有关政府与市场关系的理论演进是资本主义经济发展历程的反映。为了应对每一阶段所出现的危机，学界与政府、理论与实践进行了长期互动，通常是学界提出应对危机的某些理论，政府则将这些理论付诸实施。经过理论与实践的长期互动，西方国家形成了应对经济危机和推动市场健康有序发展的两大机制，一是政府机制，二是市场机制。两种机制需要根据经济社会发展的实际情况加以选择。[2]

综上可见，在现代市场经济背景下，政府与市场之间是互动关系。不同国家和地区甚至同一国家和地区的不同时期，政府与市场关系都可能存在较大不同。自中华人民共和国成立以来，我国政府与市场的关系发生了翻天覆地的变化。这种变化体现了我国政治、经济、社会等不断变迁的过程，大致可分为四个阶段：[3]

第一阶段：计划经济体制下的强政府和弱市场的互补关系（1949—1977年）。1956年底，农业、手工业、资本主义工商业

---

[1] 岳伟、鲍宗豪："改革开放40年我国政府与市场的关系实践及理论探索——以重要政策文献的表述变化为分析主线"，载《企业经济》2018年第8期。

[2] 郎佩娟："政府干预经济的原则与界限"，载《中国政法大学学报》2018年第4期。

[3] 刘儒、郭荔："社会主义市场经济条件下政府和市场的互补关系及特征"，载《东南学术》2021年第1期。

的社会主义改造的完成，标志着社会主义制度在我国的基本确立。在这一阶段，国家实施排斥市场的计划经济，由政府对各类物资统购统销，统一配置资源。在这一阶段，由于受到苏联模式的影响和快速实现工业化等现实国情条件的限制，特别是受当时"左"倾错误的影响，对商品经济充分发展的重要性、政府和市场的辩证关系认识不足，故而在相当长的一段时间内采取了限制商品经济甚至基本取消商品经济的政策和做法。集市贸易、商品交换、商品货币关系在计划经济的夹缝里艰难生存，弱小的市场和市场机制自发地甚至扭曲地发挥作用。但这从另一方面表明，即使在政府成为绝对主导因素的"强政府"情况下，市场的"消亡"也仅仅存在于理论层面。市场因素的存在证明了市场不可能完全被政府替代，两者某种程度的互补是必然的。这也为1978年之后我国开启经济体制改革，科学认识并正确处理政府与市场关系提供了一定的借鉴。

　　第二阶段：体制转轨下的主导型政府和成长型市场的互补关系（1978—1991年）。20世纪70年代末，排斥市场的高度集中的计划经济体制已难以为继。1978年，党的十一届三中全会全面开启了决定我国现代化事业和社会主义事业前途命运的经济体制改革航程。尽管当时只是提出改革经济管理体制和经营管理方式，完善计划经济体制，但我们已逐渐认识到社会主义与商品经济的兼容性以及社会主义发展商品经济的重要性。从1980年邓小平提出"计划调节和市场调节相结合"到党的十一届六中全会提出"计划经济为主、市场调节为辅"，再到党的十二大对"计划经济为主、市场调节为辅"的确认，这些都表明我们党的政策已逐渐转向以政府为主导发展商品经济的模式，即促进市场成长，培育市场机制，向市场主体放权让利。这一时期，党在处理

第二章 理念革新：公用事业价格的市场化转型及其规制创新

政府与市场互补关系方面呈现出三点变化：一是，对政府与市场的认识超越了政府和市场"二元对立"的传统思维定式；二是，在具体政策制定上逐步落实"计划经济为主、市场调节为辅"的中央决策；三是，对政府、市场各自发挥作用的领域与范围进行了理论研究与实践探索。

第三阶段：建立社会主义市场经济体制下的培育市场型政府与基础作用型市场的互补关系（1992—2011年）。1992年，党的十四大提出"经济体制改革的目标是建立社会主义市场经济体制"，并明确指出："我们要建立的社会主义市场经济体制，就是要使市场在社会主义国家宏观调控下对资源配置起基础性作用"[1]。1993年党的十四届三中全会通过的《中共中央关于建立社会主义市场经济体制若干问题的决定》明确了建立社会主义市场经济体制的具体任务和时间安排。党的十五大提出"使市场在国家宏观调控下对资源配置起基础性作用"。党的十六大提出"在更大程度上发挥市场在资源配置中的基础性作用"。党的十七大提出"从制度上更好发挥市场在资源配置中的基础性作用"。党中央关于市场作用的以上表述都表明市场在资源配置方面的基础性作用日渐突出。这个阶段政府与市场的互补关系在社会主义市场的经济体制基本框架内持续完善。与前一阶段相比，其主要变化体现在：以"以人为本"为处理互补关系的基本原则，以"效率优先、兼顾公平"为处理互补关系的基本思路，以"实现共同富裕"为处理互补关系的基本目标。

第四阶段：构建高水平社会主义市场经济体制下有为政府与

---

[1] 江泽民："加快改革开放和现代化建设步伐夺取有中国特色社会主义事业的更大胜利——在中国共产党第十四次全国代表大会上的报告（1992年10月12日）"，载《人民日报》1992年10月21日。

有效市场的互补关系（2012年至今）。以党的十八大为标志，我国进入中国特色社会主义新时代。党的十八大报告指出："经济体制改革的核心问题是处理好政府和市场的关系，必须更加尊重市场规律，更好发挥政府作用。"党的十八届三中全会通过的《中共中央关于全面深化改革若干重大问题的决定》首次明确指出："经济体制改革是全面深化改革的重点，核心问题是处理好政府和市场的关系，使市场在资源配置中起决定性作用和更好发挥政府作用。"党的十九大报告对这一提法再次予以确认和强调。可见，在中国特色社会主义新时代理顺政府与市场的职能，形成良性互动的关系充分体现了党在处理政府与市场关系上的辩证法和两点论。"使市场在资源配置中起决定性作用和更好发挥政府作用"这一表述，为完善政府与市场协同互补的关系指明了具体路径。这一阶段政府与市场互补关系的理论和实践创新体现在：一是，政府与市场之间的分工更加明晰，政府从宏观层面把握资源配置，市场从微观层面决定资源配置；二是，政府职能从管理型向服务型转变，更加精准地简政放权于市场，实施和推进以优化机构设置和职能配置为主的机构改革；三是，实现市场对资源配置的作用由基础性向决定性转变，充分体现了我国社会主义市场经济的本质特征。

在经济体制改革持续推进的背景下，公用事业价格规制改革也开始破冰，这种以公用事业为代表的垄断行业价格规制改革，本质上体现了政府与市场关系的新变化和动向。这种变化和动向表明，随着自然垄断领域改革的深入，市场将逐步介入公用事业领域，而在公用事业价格规制过程中，天平将逐步向市场倾斜。同时，我国对政府与市场的关系认识不断深化，特别是"推动有效市场和有为政府更好结合"观念的提出，将进一步为公用事业改革特别是价格规制改革带来动力。相关改革举措和制度设计，也应该按照新的政府与市场关系理念推进。

二、充分发挥市场在公用事业定价中的作用

2013年11月，党的十八届三中全会通过的《中共中央关于全面深化改革若干重大问题的决定》指出："完善主要由市场决定价格的机制。凡是能由市场形成价格的都交给市场，政府不进行不当干预。推进水、石油、天然气、电力、交通、电信等领域价格改革，放开竞争性环节价格。政府定价范围主要限定在重要公用事业、公益性服务、网络型自然垄断环节，提高透明度，接受社会监督。完善农产品价格形成机制，注重发挥市场形成价格作用。"2017年8月，《国家发展改革委关于进一步加强垄断行业价格监管的意见》进一步指出："到2020年，网络型自然垄断环节和重要公用事业、公益性服务行业定价办法、成本监审办法基本实现全覆盖，科学、规范、透明的垄断行业政府定价制度基本建立。"2020年10月，《中共中央关于制定国民经济和社会发展第十四个五年规划和二〇三五年远景目标的建议》提出："坚持和完善社会主义基本经济制度，充分发挥市场在资源配置中的决定性作用，更好发挥政府作用，推动有效市场和有为政府更好结合。"

由此可见，我国公用事业价格规制改革的未来目标是，充分发挥市场机制对公用事业领域定价的作用。在社会主义市场经济条件下，竞争是市场的核心，是创新的原动力，合理有序的竞争才能形成合理的市场价格，实现资源的有效配置。通过对公用事业领域适度引入竞争，破除传统的完全由政府垄断经营的格局，并且在定价方面开始突破单一政府定价的方式，政府指导价和市场调节价的定价方式开始引入公用事业领域。引入竞争机制包括

两个方面的内容：一是，在非自然垄断环节放松规制，如在供电的发电和售电环节，引入竞争机制。积极加快推进垄断行业价格管理体制改革，打破垄断，引入竞争，形成合理的价格和成本约束。其他国家和地区网络型公用事业价格规制通常是"管中间，放两头"。二是，科学运用市场机制供给公共产品，实现投资主体的多元化。把一些城市基础设施部门有条件地推向市场，在一定条件和范围内，如污水处理和垃圾处理行业，允许私人投资，如采取 BOT（建设—经营—转让）投资方式，提高融资积极性，促进投资多元化，实施市场化运作，提高运作效率，促进城市基础设施良性发展。[1]

因此，未来公用事业价格规制理念革新的核心还是在于充分发挥市场机制的作用，特别是发挥市场在公用事业定价中的作用。但是，目前离真正地发挥市场在公用事业定价中的作用，仍然存在较大差距。考虑到公用事业领域的公共利益特性较强，该改革目标的实现尚需要一定的时间。

三、规制理念革新与规制创新

理念是行动的指南，没有先进的理念作为指导，实际行动必然受制于落后的理念。传统的公用事业价格规制理念是严格规制，与此相适应的价格规制模式必然是完全的政府定价。但是，随着价格规制理念的更新，放松规制理念兴起，与此相适应的政府调节价被部分采用。在党的十八大以来深化价格体制改革的背景下，规制理念是主要由市场决定价格。即便是自然垄断行业和重要的公用事业，也需要完善科学、规范、透明的定价机制。

---

[1] 洪隽：《城市化进程中的公共产品价格管制研究》，武汉大学出版社 2013 年版，第 29—30 页。

第二章 理念革新：公用事业价格的市场化转型及其规制创新

在先进规制理念的指导下，规制创新将水到渠成。但是，由于公用事业本身及我国实际国情的复杂性，我国公用事业价格规制创新仍然在探索中前行。在规制主体、规制方式、规制程序以及规制监督与救济等方面的创新都将在摸索中进行，甚至不排除存在一定程度的反复。但是，只要规制者能够坚持先进的规制理念，相关规制创新就可以逐步实现，这是当前公用事业领域改革的趋势。

第三章

主体重构：构建独立、公正、权威的公用事业价格规制机构

公用事业价格规制的主体，即价格规制机构，是价格规制的前提和基础。价格规制机构的设置是否科学、合理将在很大程度上决定价格规制的质量。公用事业价格规制主体重构的核心在于处理好规制者与被规制者的关系。就规制者而言，要构建独立、公正、权威的规制机构，这在很大程度上取决于规制者能否抵挡住被规制者及相关力量的不当干预。因此，应当在赋予规制者人、财、物等方面较强独立性的同时，打破公用事业行业的垄断局面，引入市场竞争机制，让具体公用事业行业内部能够产生一定程度的竞争，从而缓解当前因过度垄断致使政府规制难以有效落实的窘境。

第一节 公用事业价格规制机构的设置模式

政府规制机构是指具有一定的独立性、通过依法制定相关规范标准，对市场主体的经济活动以及因其经济活动而产生的社会问题进行规范和控制，并通过准司法的行政程序执行和发展这些标准的行政机构。由于各国家和地区社会、政治、经济、法律、文化背景的不同，加之不同领域规制业务性质的差异，政府规制机构并不存在"一刀切"的设置模式。从实然状态来看，根据规制机构相对于传统行政部门的独立程序，规制机构的设置模式可

第三章 主体重构：构建独立、公正、权威的公用事业价格规制机构

以分为三类：合并型模式、独立型模式和隶属型模式。[1]

一、合并型模式

合并型模式，是指规制机构与行政部门合为一体，由行政部门统一行使行政职权和规制职权，规制机构仅仅属于行政部门的一个业务部门。该模式通常出现在公用事业属于国家独占经营或国有股份仍占主要地位的国家，或正处于转型时期的国家。在这些国家中，由于公用事业长期以来由国家垄断经营并实行政企合一、政监合一模式，没有必要设立独立的规制机构。中国、日本、韩国等都是较为典型的国家。

中华人民共和国成立后，我国电力、电信、邮政、天然气等公用事业均实行国家垄断经营的政企合一、政监合一模式，公用事业价格规制机构和行政部门合为一体，属于典型的合并型模式。以邮政行业为例，中华人民共和国成立以来，我国邮政业虽然经历了邮电分营、双重管理等改革，却始终未能解决政企合一的弊端。1998年通过的国务院改革方案成立了国家邮政局，赋予国家邮政局主管全国邮政行业以及管理全国邮政企业的双重职能。国家邮政局既是行政机构，又是公用企业，其中负责邮政监管工作的仅为国家邮政局下属的行业管理司。[2]当然，我国邮政业的监管体制几经调整，目前已经不再是合并型模式。同时，需要指出的是，虽然整体上，包括邮政业在内的我国公用事业价格规制曾经采取了合并型模式，但是，由于价格是公用事业规制最

---

[1] 马英娟：《政府监管机构研究》，北京大学出版社2007年版，第32页、第100—101页。

[2] 尹少成：《邮政业监管的行政法研究》，中国政法大学出版社2016年版，第96页。

核心的问题，我国公用事业价格规制的权限在合并型模式下并未下放给行业主管部门，而是牢牢掌握在国务院手中，如1986年发布的《中华人民共和国邮政法》（以下简称《邮政法》）第15条："邮政业务的基本资费，由国务院物价主管部门制定，报国务院批准。非基本资费由国务院邮政主管部门规定。"因此，价格规制权限还是由国务院价格主管部门掌握。

又如日本的原邮政省和韩国的信息通信部，曾经也采典型的合并型模式。不过日本在2001年已将邮政省的职能并入总务省，并在总务省下设立电信规制局，向隶属型模式过渡。韩国原通信部在1995年改组为韩国信息通信部，作为韩国通信产业的规制机构，主管邮政业务、电信政策、电波管理、邮政储蓄。[1]

这种规制机构设置模式的缺陷非常明显。由于规制机构与行政部门合为一体且行政部门负责公用事业的经营活动，其结果必然是，为了公用企业的利益，规制机构在履行规制职能时常需要做出让步。在此种情形下，我们很难相信，作为行政部门下属的一个规制机构，能够独立行使规制职权，消除市场失灵的弊端。相反，由于行政权对市场正当竞争的不当干预，这种市场失灵现象甚至可能出现进一步恶化的局面，对与行政部门合并型的规制机构的改革已经势在必行。

随着市场经济的深入发展以及公私合作和民营化等改革的推进，建立独立或相对独立的规制机构已经成为大势所趋。我国公用事业领域的改革也陆续沿着该思路推进。以邮政领域为例，2005年，国务院印发《邮政体制改革方案》要求实行政企分开，加强政府规制，完善市场机制。2007年初，中国邮政集团公司成

---

〔1〕 肖兴志等：《公用事业市场化与规制模式转型》，中国财政经济出版社2008年版，第257页。

第三章 主体重构：构建独立、公正、权威的公用事业价格规制机构

立，西藏自治区邮政公司挂牌则标志着全国各省、自治区、直辖市邮政公司正式实现政企分开。邮政经营业务由中国邮政集团公司负责，国家邮政局专门负责邮政行业的监管工作。虽然仍存在一些问题，但至少在较大程度上实现了政企分开和规制的相对独立，合并型模式逐步退出历史舞台。

二、独立型模式

独立型模式是指规制机构完全独立于行政系统，即具有完全的独立性，其典型代表是美国的独立管制委员会。独立管制委员会一般由5—7个委员组成，采取集体决议方式，避免独任制的缺点。委员由总统提名并经参议院同意后任命。总统虽然对委员有任命上的决定权，但没有免职上的权力。独立管制委员会的权力由法律规定。由于控制任务的需要，法律授权独立管制委员会同时行使立法权、行政权和司法权。[1]

美国独立规制机构是美国政治生活中不可或缺的一部分。它通过将不同的见解、专业知识和背景汇集起来，处理法律上棘手、技术上复杂和政治上敏感的诸多问题，从而应对复杂的经济和社会事务。独立性被视为独立规制机构与传统行政部门最主要的区别，主要体现在：①成员的独立性。成员任命主要考虑党派间的政治平衡，弱化党派和利益团体的影响，从而使决策相对绝缘于政治。此外，有关成员任期和罢免的规定都有助于实现其独立性。②会议制的决策程序。独立规制机构多采委员会式，决策程序采合议制，从而提高了决策的可接受性和准确性。③管辖范围的特定性。独立规制机构只对特定范围的事务有管辖权，并制

---

[1] 王名扬：《美国行政法》（上），中国法制出版社2005年版，第175—176页。

定规则,作出裁决。[1]

独立管制委员会黄袍加身式的混合权力,引起了美国法学界的激烈争论。美国联邦通信委员会前主席曾自嘲说:"很难想象一个人能够在周一和周二成为好的法官,在周三和周四马上就变成一个好的议员,而在周五又摇身一变成为一个优秀的行政官员。"[2]争论的核心在于独立管制委员会是否符合联邦宪法,具体集中在三个方面:①独立管制委员会混合立法、行政、司法三种权力是否违反联邦宪法的分权原则;②独立管制委员会是否违反联邦宪法规定的正当法律程序;③独立管制委员会的独立地位是否侵犯了联邦宪法规定的属于总统的权力。赞成者的理由有:①摆脱政治影响,即独立管制委员会的事务具有专门性,应由专家处理,避免政治影响;②准司法权,即独立管制委员会对违法行为具有裁决权力,行使准司法权的机关必须不受外界影响;③政策的一贯性,即独立管制委员会采取合议制,一切决定需要多数委员同意,容易保持政策的一贯性。反对的理由有:①缺乏制定政策的能力,即独立管制委员会大部分时间用于处理具体案件,缺乏制定政策的时间、专业知识和能力;②缺乏协调能力,即独立管制委员会由于脱离总统所领导的行政部门,缺乏和其他部门协调的能力;③被被控制者俘获。[3]

一直以来,独立管制委员会尽管受到了各种各样的批评,但

---

[1] 宋华琳:"美国行政法上的独立规制机构",载《清华法学》2010年第6期。

[2] Quoted from Public Utilities Fortnightly 67 (16 February 1961):11. 转引自周林军:《公用事业管制要论》,人民法院出版社2004年版,第138页。

[3] 以上关于独立管制委员会的相关介绍参考了王名扬:《美国行政法》(上),中国法制出版社2005年版,第175—184页。在王名扬先生的书中,独立管制委员会被称为独立控制委员会,现通说采独立管制委员会,故本书亦采之。

第三章 主体重构：构建独立、公正、权威的公用事业价格规制机构

是仍然得以保存并在美国政府监管过程中发挥了非常重要的作用。这足以说明，独立管制委员会具有自身独特的制度优势，这种独立型模式也有诸多值得我国学习和借鉴之处。

三、隶属型模式

隶属型模式是指规制机构隶属政府或其他行政部门，虽然在一定程度上受最高行政首长或部长的影响，但已经具有了较大的独立性，可以在一定范围内开展独立规制。如美国有隶属总统的规制机构（如国家环境保护局）和隶属部的规制机构（如食品药品监督管理局）[1]，我国有隶属国务院的规制机构（如国家市场监督管理总局）和隶属国务院各部委的规制机构（如国家邮政局）。

与前述合并型模式相比，隶属型模式中的规制机构虽仍位于行政系统内部，但是已经具有了较强的独立性，可以较好地履行规制职权。其优点在于，规制机构处于行政系统内，有利于行政机关行政首长统一指挥规制并保证规制过程中的协调统一。因此，美国学者克里斯托弗·G.雷迪克认为："从属性监管机构（DRAs）比独立管制委员会（IRCs）能得到更多的行政支持，包括资金支持和人事支持。""具体而言，在社会性监管领域，独立管制委员会的预算支持少于从属性监管机构；而在经济性监管领域，独立管制委员会的预算支持却多于从属性监管机构。"该研究表明："如果要新建一个监管机构，它的位置和形式至关重要。对于一个新建的社会性监管机构，为保证最大程度的拨款，其最

---

[1] 王名扬先生将美国的监管机构分为内部的独立机构、隶属总统的独立机构和独立管制委员会。前两种即属于隶属行政部门的监管机构。参见王名扬：《美国行政法》（上），中国法制出版社2005年版，第171—172页。

好是采取隶属传统行政部门的形式；而如果是在经济性监管领域新建机构，则独立于传统行政部门的形式更能保证其得到最多的拨款。"[1]

经过多年的市场化改革，我国公用事业领域目前主要采取隶属型模式。比如，新组建的国家市场监督管理总局是国务院的直属机构，2005年改革后的国家邮政局作为邮政业的规制机构，属于交通运输部管理，二者都属于隶属型模式。但是，在公用事业价格规制方面，我国目前采取的是较为特殊的规制模式，即公用事业的价格规制权基本都由国务院价格主管部门（即国家发展改革委）行使，这就在事实上造成了公用事业价格规制和其他规制的规制机构相分离的局面。此种特殊的规制模式，既有自身的优势，也面临一些问题，笔者将在价格规制机构重构中予以详细分析。

第二节　我国公用事业价格规制机构的现状及问题

我国公用事业受政治、经济、文化、社会等因素的影响，具有自身的特点，同时也延伸出公用事业价格规制特色。近年持续推进的公用事业市场化改革，核心在于公用事业价格机制的市场化，因此，价格规制机构是公用事业规制的核心。梳理我国公用事业价格规制机构的现状及其存在的问题，对于构建符合我国实际的公用事业价格规制机构以及完善我国公用事业价格规制本身都具有非常重要的意义。

---

[1] Christopher G. Reddick, "IRCs Versus DRAs: Budgetary Support for Economic and Social Regulation", *Public Budgeting & Finance*, Winter, 2003.

第三章　主体重构：构建独立、公正、权威的公用事业价格规制机构

一、我国公用事业价格规制机构的现状

（一）公用事业定价机构

由于公用事业与公民基本生活需求息息相关，而价格又是公众最为敏感的问题，我国对公用事业的定价权实行非常严格的控制。在公用事业市场化改革之前，公用事业定价权基本由国务院控制。以邮政为例，1986年发布的《邮政法》第15条规定："邮政业务的基本资费，由国务院物价主管部门制定，报国务院批准。非基本资费由国务院邮政主管部门规定。"这表明，国务院物价主管部门没有直接的定价权，而是需要报国务院进行最后的批准。同时，当时基本资费的范围远大于非基本资费，这就意味着邮政业的定价权主要集中在国务院。改革之后，公用事业的定价权发生了缓慢的变化，在区分垄断性和竞争性领域的基础上，坚持分类监管原则，初步形成国务院价格主管部门、行业主管部门和公用企业三方定价的格局。

1. 国务院价格主管部门的定价权

根据《价格法》第5条第1款的规定，国务院价格主管部门统一负责全国的价格工作；第18条规定，重要的公用事业价格可以实行政府定价或者政府指导价；第3条第4款、第5款规定，政府定价和政府指导价由政府价格主管部门或者其他有关部门依法制定。上述规定就决定了公用事业的定价权主要由国务院价格主管部门行使，这在具体的公用事业行业中有更加明确的规定。以邮政领域为例，现行《邮政法》第39条规定："实行政府指导价或者政府定价的邮政业务范围，以中央政府定价目录为依据，具体资费标准由国务院价格主管部门会同国务院财政部门、国务院邮政管理部门制定。邮政企业的其他业务资费实行市场调节

价，资费标准由邮政企业自主确定。"可见，邮政基本资费的定价权仍然由国务院价格主管部门掌握。《铁路法》第25条规定："铁路的旅客票价率和货物、行李的运价率实行政府指导价或者政府定价，竞争性领域实行市场调节价。政府指导价、政府定价的定价权限和具体适用范围以中央政府和地方政府的定价目录为依据。铁路旅客、货物运输杂费的收费项目和收费标准，以及铁路包裹运价率由铁路运输企业自主制定。"根据2020年新修订的《中央定价目录》，中央管理企业全资及控股铁路普通旅客列车硬座、硬卧票价率，中央管理企业全资及控股铁路大宗货物、行李运价率，定价部门为国务院价格主管部门。同时将定价内容缩减20%，将政府定价范围限定在重要公用事业、公益性服务和网络型自然垄断环节，如电力和天然气价格，按照"放开两头、管住中间"的改革思路，将"电力"项目修改为"输配电"，"天然气"项目修改为"油气管道运输"。[1]即便如此，国务院价格主管部门仍然在公用事业定价中扮演着重要角色。

2. 行业主管部门的定价权

行业主管部门是公用事业特定行业的直接主管部门，比如国家邮政局是邮政行业的主管部门，国家能源局是煤炭、石油、天然气、电力（含核电）等行业的主管部门；公用事业的行业主管部门对特定的公用事业行业实行全面的政府规制，但是价格领域除外。实践中，公用事业领域的定价权主要由国务院价格主管部门行使，行业主管部门仅享有部分定价权。尽管该权限在市场化改革过程中有不断扩张的趋势，但实际范围仍然相当有限。根据

---

[1] 曹敏："进一步促进政府定价的规范化、法治化和清单化——国家发展改革委价格司有关负责人就修订《中央定价目录》答记者问"，载《中国经贸导刊》2020年第8期。

第三章 主体重构：构建独立、公正、权威的公用事业价格规制机构

现行《邮政法》第39条规定，邮政基本资费标准虽然由国务院价格主管部门会同国务院财政部门、国务院邮政管理部门制定，但实际上，最终的定价权仍然由国务院价格主管部门掌握。

3. 公用企业的自主定价权

随着公用事业市场化改革的持续推进，公用企业开始获得部分自主定价权。现行《邮政法》第39条规定："实行政府指导价或者政府定价的邮政业务范围，以中央政府定价目录为依据，具体资费标准由国务院价格主管部门会同国务院财政部门、国务院邮政管理部门制定。邮政企业的其他业务资费实行市场调节价，资费标准由邮政企业自主确定。"因而，邮政企业对于《中央定价目录》以外的业务资费享有自主定价权。又比如，《铁路法》第25条规定："铁路的旅客票价率和货物、行李的运价率实行政府指导价或者政府定价，竞争性领域实行市场调节价。政府指导价、政府定价的定价权限和具体适用范围以中央政府和地方政府的定价目录为依据。铁路旅客、货物运输杂费的收费项目和收费标准，以及铁路包裹运价率由铁路运输企业自主制定。"因此，铁路运输企业对于铁路运输杂费和包裹运价率享有自主定价权。

由此可见，在公用事业市场化改革的背景下，公用企业已经获得了一定的自主定价权。但整体而言，这种定价权的空间还是相当有限的。公用事业领域的核心定价仍然主要实行政府定价或者政府指导价。

（二）公用事业价格规制机构

公用事业价格规制机构是对公用事业价格进行监督和管理的机构，其对于公用事业价格的科学、合理制定具有非常重要的意义。在我国，公用事业价格规制较之其他公用事业规制手段的特

殊性集中表现在二者的规制机构并不完全统一上。根据《价格法》第5条的规定:"国务院价格主管部门统一负责全国的价格工作。国务院其他有关部门在各自的职责范围内,负责有关的价格工作。县级以上地方各级人民政府价格主管部门负责本行政区域内的价格工作。县级以上地方各级人民政府其他有关部门在各自的职责范围内,负责有关的价格工作。"由此可见,国务院价格主管部门和县级以上地方各级人民政府价格主管部门是我国价格规制的机构,同时也是公用事业价格规制的机构。

具体而言,在中央层面,国家发展改革委是全国范围内的价格规制机构,地方各级发展改革委(物价局)是地方价格规制机构。同时,各行业主管部门和财政部门等也享有一定的价格规制权。需要特别注意的是,2018年,国务院机构改革,组建了国家市场监督管理总局,将国家发展改革委的价格监督检查与反垄断执法职责、商务部的经营者集中反垄断执法职责以及国务院反垄断委员会办公室等的职责整合到国家市场监督管理总局。因此,国家市场监督管理总局在公用事业价格规制中扮演重要角色,特别是在价格监督检查和反垄断、反不正当竞争等领域发挥重要作用。

二、我国公用事业价格规制机构存在的问题

通过上述对我国公用事业定价机构和价格规制机构的分析,结合公用事业价格规制的实践,可以发现我国公用事业价格规制机构仍存在以下问题。

(一)价格规制机构的独立性不足,影响规制功能的发挥

公用事业价格规制机构独立是其规制功能有效发挥的重要保障。随着近年来我国公用事业市场化改革的持续推进,传统上政

第三章 主体重构：构建独立、公正、权威的公用事业价格规制机构

企不分的合并型模式已经向隶属型模式转型，公用事业价格规制机构的独立性显著增强，从而在整体上提升了我国公用事业价格规制的水平。但是，受制于当前价格规制机构职能交叉重叠、多头监管的现实，当前价格规制机构的独立性仍然存在不足。

以邮政领域为例，现行《邮政法》第 39 条规定："实行政府指导价或者政府定价的邮政业务范围，以中央政府定价目录为依据，具体资费标准由国务院价格主管部门会同国务院财政部门、国务院邮政管理部门制定。邮政企业的其他业务资费实行市场调节价，资费标准由邮政企业自主确定。"第 40 条规定："国务院有关部门制定邮政业务资费标准，应当听取邮政企业、用户和其他有关方面的意见。邮政企业应当根据国务院价格主管部门、国务院财政部门和国务院邮政管理部门的要求，提供准确、完备的业务成本数据和其他有关资料。"由此可见，邮政基本资费的确立，虽然由国务院价格主管部门主导，但仍然需要会同国务院财政部门和国务院邮政管理部门制定。邮政企业的定价权需要受国务院价格主管部门、国务院财政部门和国务院邮政管理部门三个部门的规制。因而，邮政领域的价格规制似乎是一个多方协作的过程，没有哪一个部门享有决定权。但这毫无疑问会影响价格规制机构的独立性，影响价格规制政策的科学性与合理性。

（二）价格规制机构职能交叉重叠、多头监管

如前所述，价格规制机构职能交叉重叠、多头监管的问题会影响其独立性，进而制约价格规制功能的发挥。在我国公用事业价格规制过程中，通常会存在三类主体：国务院价格主管部门、国务院财政部门和国务院行业主管部门。这三类主体共享公用事业的价格规制权，其中国务院价格主管部门起主导作用。这就导致了实际价格规制机构的职能存在明显的交叉重叠、多头监管的

问题，进而影响价格规制功能的发挥。

2018 年，国务院机构改革，将国家发展改革委的价格监督检查与反垄断执法职责、商务部的经营者集中反垄断执法职责以及国务院反垄断委员会办公室等的职责整合到国家市场监督管理总局，从而使国家市场监督管理总局统一承担价格监督检查、反垄断和反不正当竞争职能。这在一定程度上解决了当前价格规制机构职能交叉重叠、多头监管的问题，有利于价格规制职能的集中统一行使，但离从根本上解决问题还存在一定的距离。

(三) 行业规制机构的价格规制权不足，影响规制实效

在公用事业规制中，由于公用事业领域繁多且具有较强的专业性，公用事业行业主管部门扮演着非常重要的角色。行业主管部门具备相关的专业人员且实践经验丰富，从而为具体的行业规制奠定了坚实的基础，其可以通过制定规制政策，运用多种手段开展规制活动。其中，价格规制是公用事业规制中非常核心的手段，特别是在公用事业市场化改革背景下，如何充分发挥价格规制手段的作用，将在很大程度上决定公用事业市场化改革的成败。

但是，比较遗憾的是，公用事业行业主管部门并不享有价格规制权，而是由国务院价格主管部门和国务院市场监督管理部门主导、国务院财政部门和行业主管部门协助和参与。这就意味着，公用事业行业主管部门如果需要运用价格手段开展规制活动，需要通过国务院价格主管部门来进行，而这无疑会制约价格规制手段的功能发挥。

第三节　独立、公正、权威的公用事业价格规制机构的构建

公用事业价格规制存在的规制机构独立性不足、交叉重叠、多头监管以及行业规制机构的价格规制权不足等问题，已经在一定程度上制约了价格规制功能的发挥。因而，只有构建一套独立、公正、权威的公用事业价格规制机构，才能真正发挥价格规制在公用事业规制中的关键作用。

一、价格规制机构设置模式的选择

如前所述，当前公用事业价格规制机构的设置模式主要有合并型、独立型和隶属型三种。合并型模式容易诱发政企不分，难以实现有效规制，也与我国公用事业市场化改革的发展方向不符，因而已经逐步退出历史舞台。目前，公用事业价格规制机构的设置模式主要在独立型和隶属型之间选择，前者的代表是美国，产生了较好的规制效果，并得到了世界各国的广泛学习和借鉴；后者一般出现在公用事业仍属于国家独占经营或国有股份仍占主要地位的国家，较为典型的国家是中国、日本和韩国等。[1]

美国的独立规制机构因其超强的独立性而被世界各国奉为圭臬，但也因其权力过分集中、缺乏制约而受到诸多批评。批评这类机构的人称独立规制机构为联邦政府中无头的第四部门，即立法、行政、司法以外的部门。[2]随着我国市场经济发展不断深

---

[1] 肖兴志："中国垄断性产业规制机构的模式选择"，载《山东经济》2009年第2期。

[2] 王名扬：《美国行政法》（上），中国法制出版社2005年版，第172页。

入,公用事业改革持续推进,我国先后在电力、邮政、铁路运输等公用事业领域建立规制机构以加强政府规制,这些规制机构在成立和运行过程中或多或少都受到了美国独立规制机构的影响,并且借鉴了其经验。但是,由于历史背景、政治体制、行政文化等方面的差异,我国的公用事业价格规制机构与美国的独立规制机构存在较大差异。[1]或者说,基于两国国情的不同,我国不太可能完全参照美国独立规制机构的模式来重构公用事业政府规制机构。比较而言,隶属型模式可能更加符合我国的国情且改革成本相对较低。因此,笔者认为,从我国的现实国情以及改革成本出发,选择隶属型模式更加具有可行性。

首先,隶属型模式具有较强的独立性,基本能够满足对于中立规制的要求。同时,隶属型规制机构仍然隶属行政系统,有利于行政机关行政首长进行统一和指挥,协调和调动各方资源,从而提高政府规制的效率。

其次,隶属型模式也是近年来我国公用事业价格规制改革的方向,整体效果良好。更加重要的是,由于我国具有比较好的隶属型模式的基础,在此基础上进行深化改革,可以减少改革的阻力和成本。

最后,选择隶属型模式并不意味着我们对现有规制机构的全盘肯定。现行隶属型模式的具体设置仍然存在一些问题,因此需要通过隶属型模式内部的完善来进一步优化。

二、价格规制机构的设置原则

价格规制机构的设置是价格规制开展的逻辑起点。从世界各

---

[1] 宋华琳:"美国行政法上的独立规制机构",载《清华法学》2010年第6期。

第三章 主体重构：构建独立、公正、权威的公用事业价格规制机构

国的经验来看，无论采取何种规制机构设置模式，都需要遵循通行的设置原则。一般而言，价格规制机构的设置需要遵循法治原则、独立性原则、公正性原则、专业化原则和效率性原则。

（一）法治原则

如前所述，公用事业价格规制必须坚持依法行政原则。为了保证公用事业价格规制沿着法治轨道运行，首先要求规制机构的设立必须坚持法治原则。一方面，规制机构的设立必须有宪法、法律上的依据，不得违反宪法、法律的明确规定；规制机构的设立应当坚持公开、透明的原则，自觉接受公众监督；规制机构的运行应当坚持行政程序法的要求，充分保护被规制者的合法权益。另一方面，在规制机构的权力来源上，应严格遵守法律优先和法律保留原则，明确规制机构的职责和职权。同时，应将规制机构的相关活动纳入司法审查范畴，对于侵犯被规制者合法权益的行为，应允许当事人提起行政诉讼。

（二）独立性原则

规制的目标在于纠正市场失灵，通过规制纠偏因过度竞争导致的市场机制紊乱与失灵局面，创造出虚拟和接近竞争的市场环境。因此，独立性是规制机构设立的核心要求。构建独立的规制机构，已经逐步得到世界各国立法认可，并成为各国际组织如世界贸易组织、经济合作与发展组织等的共识。规制机构只有严格坚持独立性原则，才能扮演好市场秩序维护者角色。具体而言，包括三个方面的要求：

第一，规制机构应独立于政治，独立于选举官员。挪威经济学家维克托·D.诺曼曾指出："将监管职能交给政治是不明智的，因为寻求妥协和中间立场是政治的本质。""政治和监管之间

最好的解决方案是将总体上平衡的权力交给政治；同时建立独立监管机构，保证个案基于总的原则在政治范畴以外处理。"[1]当然，从实践来看，规制机构不可能完全独立于政治，即便是以独立性强著称的美国独立管制委员会，也无法完全摆脱政治的影响。因此，这种独立性具有相对性，且必须保持相当的相对性。

第二，规制机构应与其他行政部门（尤其是宏观政策制定部门）适度分离。宏观政策制定部门一般是指管理经济贸易运行的综合经济部门，如美国的商务部、我国的商务部和国家发展改革委等。要求规制机构与其他行政部门（尤其是宏观政策制定部门）适度分离，目的在于保证规制能够独立进行，不受行政权的干预。

第三，规制机构应与相关产业者及各种利益团体保持一定的距离。一直以来，规制机构被利益集团（被规制者）"俘获"是规制失灵及其饱受批评的重要原因。因此，使规制机构与被规制产业及其从业人员保持一定距离，是实现独立规制的重要因素。

（三）公正性原则

公正性是政府规制的生命线。规制的目标在于纠正市场失灵，维护社会公共利益。因此，公用事业价格规制只有坚持公正性原则，才能保证规制的公信力和权威性。甚至前文所述的法治原则、独立性原则，其最终目的也在于保障规制的公平公正。为了保证规制的公正性，一方面，规制机构应坚持公开透明，积极引入公众参与，排除行政权的不当干预；另一方面，加强制度建设，注意与被规制者保持一定距离，有效控制被规制者对规制者

---

[1] Victor D. Norman, "Reform of Regulatory Agencies in Norway", on OECD Proceedings of an Expert Meeting in London, UK, 10-11 January 2005, pp. 41-42.

第三章 主体重构：构建独立、公正、权威的公用事业价格规制机构

的"俘获"。

（四）专业化原则

随着现代经济和社会的迅速发展，社会分工日益精细化和专业化，规制领域也日益广泛，包括电力规制、邮政规制等。不同的规制领域呈现出较强的专业性与技术性，涉及法律、金融、高科技等内容。因此，政府规制机构的工作人员必须具备相应的专业知识和技术，否则根本无从开展相关规制活动。比如，作为邮政业规制者，必须具有法律与邮政方面的知识；作为电力领域的规制者，则应当具备法律与电力方面的专业知识。否则，很难想象规制机构能够对相应领域开展有效的规制工作。

（五）效率性原则

在现代社会，公正与效率从来都是分不开的，以牺牲公正为前提的效率是没有意义的，以牺牲效率为前提的公正也是不公正的，所谓"迟来的正义非正义"即这个道理。市场经济变化莫测、机会转瞬即逝，政府欲在其中发挥有效的补充与纠偏作用，就必须尽可能遵从市场经济的发展节奏，提高规制机构的效率。首先，效率性原则要求规制机构的设置应当分工明确、权责分明，正确处理规制机构内部及其与其他部门之间的关系；其次，加强制度建设和规制机构内部管理，扩大公众参与，提高规制的公开透明度；最后，建立完善的行政程序法，将规制活动置于严格的行政程序规定之中，防止规制过程中自由裁量权的滥用，同时保证规制者在规制过程中有章可循，提高规制效率。

三、重构我国公用事业价格规制机构的路径

面对当前我国公用事业价格规制机构所面临的诸多困境，如

何充分结合我国国情并借鉴国外有益经验,是一个非常值得研究的问题。基于前文的分析,笔者认为,最终目标应当是构建一套独立、公正、权威的公用事业价格规制机构,从而为公用事业价格规制提供有效的基础性保障。

(一) 完善现行规制机构设置的隶属型模式

我国当前采取的隶属型模式,整体上是符合我国国情的,但是仍需要通过进一步完善来更好地适应市场化背景下的规制需求。目前我国隶属型规制机构主要有两种模式:一是隶属国务院组成部门;二是直接隶属国务院。

两种模式在我国都存在,以邮政领域为例,邮政监管体制改革后,新组建的邮政规制机构——国家邮政局,选择了第一种模式,即隶属国务院组成部门(交通运输部)。此外,铁路领域的监管也采取此模式。但该模式存在以下弊端:首先,组织级别低可能导致规制无权威。该模式属于部管局,也被戏称"不管局"。规制机构与所属国务院组成部门具有较强的独立性,规制机构通常为副部级,当需要与其他部协调有关事项时,往往会影响协调效率。同时,由于其规制对象往往级别更高(如中国国家铁路集团有限公司为正部级国企),低级别规制高级别在中国语境中难免尴尬,也影响了规制的权威性。其次,人事任免可能受所属部门影响,无法确保规制机构的独立性。实践中,规制机构的主要领导往往会接任被规制机构的领导,视为仕途升迁,例如,现任中国国家铁路集团有限公司的董事长或者总经理都是由国家铁路局局长转任而来,因此规制机构的地位可能明显低于规制对象。最后,经费来源不独立。规制机构预算必须经所隶属的部统筹规划,经费来源不独立必然影响其本身的独

第三章　主体重构：构建独立、公正、权威的公用事业价格规制机构

立性。[1]

因此，笔者认为，规制机构直接隶属国务院的模式比较符合我国国情。具体而言，可以参照证监会、银监会，根据不同行业、领域，设立几个综合性的规制机构。比如，可以设立通信规制委员会，负责规制电信、邮政、电视、电影、广播等领域；设立交通规制委员会，负责规制铁路、公路、民航、水运等交通领域；设立能源规制委员会，负责规制电力、煤炭、石油、天然气、水力等能源领域。其目标是，通过设置专业的规制委员会，保证规制的独立性与专业性，同时，将相关行业和领域置于统一的规制委员会，尽量减少专业规制机构的数量。

按照上述思路，以邮政业规制为例，规制机构可以置于通信规制委员会（正部级）的邮政规制司（正厅级）。在组织类型上，建议采取委员会制，因为委员会制相对于首长制更有利于保障规制机构的独立、公正、专业，同时适当吸收首长制的优点，提高规制效率。在成员任命上，应当通过法律将规制机构成员的资格、任命权、任命程序、任期等问题予以固定。其中，决策层成员建议由国务院总理提名，全国人大常委会决定。执行层成员应首重专业性和技术性。在经费来源上，应当保障规制委员会独立的经费来源，包括政府拨款、被规制产业的缴费等。[2]

（二）努力增强规制机构的独立性

独立性是规制机构发挥其功能的重要保障，完善现行隶属型模式的重要考虑因素就是提升机构的独立性，如在人事任命、经

---

[1] 马英娟：《政府监管机构研究》，北京大学出版社2007年版，第244页。
[2] 尹少成：《邮政业监管的行政法研究》，中国政法大学出版社2016年版，第188—190页。

费来源、行政决策等方面都应当有相应的制度保障，以努力提升规制机构的独立性。在我国公用事业改革进程中，独立性可能是其中最为复杂的问题，既需要提升规制机构的独立性，又不能因为强调独立性而导致规制能力不足。因此，增强规制机构独立性的同时，不能降低规制机构本身的地位。在我国，规制机构本身的级别和地位将直接影响后续规制职能的开展，独立性只能建立在规制机构本身具备较高级别的基础上，否则，独立性的赋予只会成为空中楼阁，无法为具体的规制实践提供有力支持。

增强规制机构的独立性还应当以强化规制机构的专业性为基础，公用事业价格规制涉及诸多领域，每个领域都有着自身的专业特点。作为规制机构，必须建立专业、高效的规制队伍，通过专业、高效的规制实践，提高社会的认可度，进而为其独立开展规制活动奠定基础。

(三) 正确处理价格主管部门、行业主管部门以及其他监管部门之间的关系

如何正确处理价格主管部门、行业主管部门以及其他监管部门之间在价格规制中的关系，是价格规制改革中非常重要的问题。如前所述，目前价格规制权主要由价格主管部门掌握，行业主管部门掌握部分价格规制权，财政、市场监管等部门也掌握一定的价格规制权。在公用事业市场化改革的背景下，价格规制是行业监管中极为重要的手段。行业主管部门实质上缺失了这一核心规制手段，不利于其实际规制工作的开展，影响规制实效。

因此，笔者认为，未来价格规制权应该逐步从价格主管部门向行业主管部门转移。价格主管部门应该更多从宏观层面对公用

第三章 主体重构：构建独立、公正、权威的公用事业价格规制机构

事业领域价格问题进行监督管理，具体领域的价格规制工作应当移交给行业主管部门。因为，行业主管部门是具体行业规制工作的主要承担者，需要综合运用各种手段开展规制活动，而价格规制手段的欠缺会影响行业主管部门具体规制工作的开展。

第四章
方式转型：公用事业定价机制的改革及多种规制方式的协调

公用事业价格规制中首先需要解决的问题是，如何科学选择公用事业的定价方式。科学定价是科学价格规制的前提，没有一套科学合理的事前定价机制，就不可能衍生出合理的价格规制模式。我国《价格法》虽然规定了政府定价、政府指导价和市场调节价三种定价机制，但在实践中，公用事业领域仍然较多地采取政府定价模式。近年来随着垄断行业改革的推进，开始引入政府指导价和市场调节价模式。就整体而言，市场调节价机制的引入尚不充分。未来公用事业价格规制应当更加大胆地引入政府指导价和市场调节价模式，通过引入市场机制，提升公用事业的服务质量。当然，这也对政府价格规制能力提出了更高的要求，需要运用科学、合理的方式，处理好《价格法》《中华人民共和国反垄断法》（以下简称《反垄断法》）和《中华人民共和国反不正当竞争法》（以下简称《反不正当竞争法》）之间的关系。

第一节 传统方式：政府定价为主、政府指导价为辅

公用事业定价方式是公用事业价格规制中非常重要的环节，采取何种定价方式将直接影响规制活动的开展情况。我国《价格法》规定了三种定价方式，并明确了各自的适用范围。但是，在

第四章　方式转型：公用事业定价机制的改革及多种规制方式的协调

公用事业价格规制改革的背景下，三种定价方式的适用范围也需要适当调整，以更好地适应现实的需要。

一、《价格法》背景下我国公用事业的定价模式

1997年颁布的《价格法》第3条规定了我国的价格形成机制，包括市场调节价、政府指导价和政府定价三种模式。国家实行并逐步完善宏观经济调控下主要由市场形成价格的机制。价格的制定应当符合价值规律，大多数商品和服务价格应实行市场调节价，极少数商品和服务价格实行政府指导价或者政府定价。可以实行政府指导价或者政府定价的商品和服务主要包括五类：①与国民经济发展和人民生活关系重大的极少数商品；②资源稀缺的少数商品；③自然垄断经营的商品；④重要的公用事业；⑤重要的公益性服务。政府指导价、政府定价的定价权限和具体适用范围，以中央和地方的定价目录为依据。中央定价目录由国务院价格主管部门制定、修订，报国务院批准后公布。地方定价目录由省、自治区、直辖市人民政府价格主管部门按照中央定价目录规定的定价权限和具体适用范围制定，经本级人民政府审核同意，报国务院价格主管部门审定后公布。

近年来，随着我国公用事业改革的持续推进，价格改革也取得了一定的成绩，公用事业领域政府定价的范围逐步缩小。但是，整体而言，重要的公用事业领域的定价仍然由政府主导。我国公用事业价格仍然较多地实行政府定价或者政府指导价，这在《中央定价目录》（详见表4.1）和《北京市定价目录》（详见表4.2）中可以得到更加清晰地展现。

表 4.1 《中央定价目录》(2020 年修订)

序号	项目	定价内容	定价部门	备注
1	输配电	省及省以上电网输配电价	国务院价格主管部门	
2	油气管道运输	跨省（自治区、直辖市）管道运输价格	国务院价格主管部门	企业内部自用管道除外
3	基础交通运输	铁路运输服务：中央管理企业全资及控股铁路普通旅客列车硬座、硬卧票价率	国务院价格主管部门	定价范围不包括动车组列车、社会资本投资控股新建铁路客运专线
		铁路运输服务：中央管理企业全资及控股铁路大宗货物、行李运价率	国务院价格主管部门	定价范围为整车运输的煤、石油、粮食、化肥等货物和行李运价率。社会资本投资控股新建铁路货物运输除外
		港口服务：沿海、长江干线主要港口及其他所有对外开放港口的垄断服务收费	国务院交通运输主管部门会同国务院价格主管部门	定价范围为船舶进出港、靠离泊和港口安保等服务
		民航运输服务：不具备竞争条件的民航国内航线及国际航线国内段旅客票价率	国务院民用航空主管部门会同国务院价格主管部门	头等舱、公务舱除外
		民航运输服务：民航保障服务垄断环节收费	国务院民用航空主管部门	定价范围为民用机场、军民合用机场垄断环节服务收费，民航飞行校验服务收费，民航空管服务收费

第四章 方式转型：公用事业定价机制的改革及多种规制方式的协调

续表

序号	项目	定价内容	定价部门	备注
4	重大水利工程供水	中央直属及跨省（自治区、直辖市）水利工程供水价格	国务院价格主管部门	供需双方自愿协商定价的除外
5	重要邮政服务	信函寄递资费	国务院价格主管部门会同国务院财政部门、国务院邮政管理部门	
		邮政汇兑资费		
		机要通信资费		
		国家规定报刊发行资费		
		单件重量不超过10千克的包裹寄递资费	国务院价格主管部门会同国务院财政部门、国务院邮政管理部门	竞争性领域（含计泡包裹）除外
6	重要专业服务	商业银行基础服务收费、银行卡刷卡手续费	国务院价格主管部门会同中国人民银行、国务院银行业监管机构（具体根据职责分工确定）	定价范围为转账汇款、现金汇款、票据等商业银行基础服务，银行卡刷卡服务（收单服务费等竞争性环节除外）
7	特殊药品及血液	特殊药品：麻醉药品和第一类精神药品价格	国务院医疗保障部门	
		血液：公民临床用血的血站供应价格	国务院卫生健康部门会同国务院价格主管部门	

注：

1. 法律、行政法规明确规定实行政府定价、政府指导价的项目，自动进入本目录；法律、行政法规明确规定实行市场调节价的项目，自动退出本目录。根据价格领域简政放权、放管结合、优化服务等改革进展，定期修订本目录。

2. 本目录不包括地方定价项目，地方定价权限和适用范围由地方定价目录确定。列入本目录的定价内容，包括具体价格、收费标准、基准价及其浮动幅度，以及相关的定价机制、办法、规则等。对涉及民生的价格和收费，充分考虑社会承受能力，进行合理监管，保障困难群众生活。

3. 通过市场交易的电量价格，由市场形成。燃煤发电电价机制以及核电等尚未通过市场交易形成价格的上网电价，暂由国务院价格主管部门制定，视电力市场化改革进程适时放开由市场形成。尚未通过市场交易形成价格的销售电价暂按现行办法管理，视电力市场化改革进程适时放开由市场形成。居民、农业等优先购电电量的销售电价，由国务院价格主管部门制定定价原则和总体水平，省级价格主管部门制定具体价格水平。

4. 海上气、页岩气、煤层气、煤制气、液化天然气、直供用户用气、储气设施购销气、交易平台公开交易气，2015年以后投产的进口管道天然气，以及具备竞争条件省份天然气的门站价格，由市场形成；其他国产陆上管道天然气和2014年底前投产的进口管道天然气门站价格，暂按现行价格机制管理，视天然气市场化改革进程适时放开由市场形成。成品油价格暂按现行价格形成机制，根据国际市场油价变化适时调整，将视体制改革进程全面放开由市场形成。电信网、互联网网间结算价格按《工业和信息化部关于调整固定本地电话网营业区间结算标准的通知》（工信部电管函〔2009〕243号）等文件执行。

第四章 方式转型：公用事业定价机制的改革及多种规制方式的协调

5. 征信服务（金融信用信息基础数据库运行机构提供的信用报告查询服务和应收账款质押登记服务）收费暂按现行办法管理，待相关事业单位分类改革、职能调整到位后，及时调整收费管理方式。国防运输价格按《中华人民共和国国防交通法》有关规定执行。

6. 社会资本投资控股新建铁路按《国家发展改革委关于放开部分铁路价格的通知》（发改价格〔2014〕2928号）有关规定执行。

7. 行政事业性收费项目和标准的审批属于政府内部审批事项，继续按现行办法管理。

表4.2 《北京市定价目录》

序号	定价项目	定价内容		定价部门	备注
1	供排水	水利工程供水	市属和跨区水利工程供水价格	市价格主管部门	水利工程由用户自建自用的和供方与终端用户通过协议明确由双方协商定价的部分除外
			区属水利工程供水价格	授权区人民政府	
		自来水、再生水销售价格		市价格主管部门	农村村民自建、自管的自来水、再生水价格除外
		污水处理费			
2	电	市级以下电网调度的发电企业上网电价以及市级以下电网输配电价、销售电价		市价格主管部门	上网电价、销售电价不包括电力直接交易、招标定价等通过市场竞争形成的价格

续表

序号	定价项目	定价内容	定价部门	备注
3	天然气	本市管道天然气城市管网配气价格和销售价格	市价格主管部门	
		各区辖区内管道液化气、压缩天然气配气价格和销售价格	授权区人民政府	
4	供热	本市常规电厂热力出厂价格	市价格主管部门	
		城市集中供热管网和区域锅炉供热销售价格		
		各区辖区内通过地热、热泵、水煤浆等个别新供热方式生产的供热销售价格	授权区人民政府	
5	保障性住房及物业服务	公有住房租金标准	市住房建设主管部门会同市价格主管部门、市财政部门	市、区政府集中建设的经济适用住房（含房改带危改经济适用住房）销售价格，分别由市住房建设主管部门、区政府制定。现有廉租房、公租房、自住房、限价房暂按现行规定管理。本市保障性住房并轨统一后，涉及的所有保障性住房的租金标准或销售价格，均由市住房建设主管部门管理
		按国家房改政策出售的公有住房销售成本价格		
		保障性住房租金、销售价格	市住房建设主管部门	
		经济适用住房物业服务费		

第四章 方式转型：公用事业定价机制的改革及多种规制方式的协调

续表

序号	定价项目		定价内容	定价部门	备注
6	交通运输	车辆通行	本市行政区域内政府还贷公路车辆通行费	市交通主管部门会同市价格主管部门、市财政部门	
			本市行政区域内经营性公路车辆通行费	市交通主管部门会同市价格主管部门	
		城市客运	城市公共电汽车、轨道交通基础票价	市价格主管部门、授权区人民政府	其中郊区客运票价授权区人民政府制定
			出租汽车运价、燃油附加费标准		网络预约出租汽车、旅游客运汽车除外。其中郊区电动出租车运价授权区人民政府制定
		车辆停放	驻车换乘停车场	市价格主管部门	
			占道停车场停车计时收费标准	市价格主管部门会同市财政部门、市交通主管部门	
		管道运输	市内短途管道运输价格	市价格主管部门	

续表

序号	定价项目	定价内容	定价部门	备注
7	教育	列入本市教育行政主管部门颁布的中小学用书目录的教材和进入市教育行政主管部门评议公告的教辅材料印张单价和零售价格	市价格主管部门会同市出版行政部门	
		公办全日制学历教育（包括高等教育、中等职业教育、普通高中）、公办成人学历教育、公办全日制幼儿园保育教育学费	市价格主管部门会同市财政部门	公办全日制学历教育不包括中外合作办学项目
		公办全日制学历教育（包括高等教育、中等职业教育）、公办全日制幼儿园住宿费		
		公办中小学教育、公办成人学历教育住宿费	授权区人民政府	
8	医疗服务	公立医疗机构提供的基本医疗服务价格	市价格主管部门会同市卫生计生、人力社保部门	
9	环境卫生	生活垃圾（含餐厨垃圾、建筑垃圾）处理费	市价格主管部门	
		危险废物处置收费		定价范围不包括剧毒化学品处置收费

第四章　方式转型：公用事业定价机制的改革及多种规制方式的协调

续表

序号	定价项目	定价内容	定价部门	备注
		有线电视基本收视维护费	市价格主管部门	
10	文化旅游	利用公共资源建设的景区门票价格以及景区内的游览场所、垄断交通工具等另行收费项目	市价格主管部门	定价范围包括故宫、十三陵、八达岭长城、颐和园、天坛公园、北京植物园、北京动物园、香山公园、北海公园、景山公园、陶然亭公园、玉渊潭公园、中山公园
		区辖区内市价格主管部门定价范围以外的，利用公共资源建设的景区的门票以及景区内的游览场所、垄断交通工具等另行收费项目	授权区人民政府	
11	基本养老服务	政府投资建设并运营管理的养老服务机构的基本养老服务费	市民政主管部门、授权区人民政府	定价范围包括床位费、生活照料费。其中街道（乡镇）属和区属公办养老机构基本养老服务费授权区人民政府制定

119

续表

序号	定价项目	定价内容	定价部门	备注
12	殡葬服务	殡葬基本服务收费	市民政主管部门会同市价格主管部门、市财政部门	定价范围包括遗体接运费、存放冷藏费（含医院太平间）、火化费、骨灰存放费（民政部门提供的除墓地外的骨灰存放服务）
		殡葬其他服务收费	市民政主管部门	定价范围包括有偿服务公墓墓穴租赁费、管理费，遗体整容、遗体防腐、吊唁设施及设备租赁等延伸服务
		回民殡葬基本服务收费	市民族事务主管部门	定价范围包括墓穴占地费、墓穴管理费、遗体接运费
13	重要专业服务	司法服务收费	市价格主管部门会同市司法行政部门	定价范围包括公证服务收费和司法鉴定服务收费。其中，公证服务具体收费项目目录由市价格主管部门会同市司法行政部门制定公布。司法鉴定服务收费定价范围包括为本市各级人民法院审判工

第四章 方式转型：公用事业定价机制的改革及多种规制方式的协调

续表

序号	定价项目	定价内容	定价部门	备注
				作提供的法医类、物证类、声像资料类司法鉴定收费

说明：

一、本定价目录不包含中央定价项目内容，在本市行政区域内凡涉及中央定价（国家发展改革委和国务院有关部门）的定价项目、定价内容一律按中央定价目录执行。

二、列入本目录的定价内容，包括定价项目的具体价格、收费标准、基准价及浮动幅度以及相关的定价机制、办法、规则等。

三、法律、行政法规明确规定实行政府定价、政府指导价的项目，自动进入本目录；法律、行政法规明确规定实行市场调节价的项目，自动退出本目录。本目录根据经济社会发展需要将适时修订。按规定需报市人民政府批准的定价项目，按程序上报市人民政府。

四、有线电视相关收费（网络工程、入网、搬迁、停、复收费）暂按现行办法管理。

五、成品油价格、行政事业性收费，继续按照现行办法管理。

通过上述最新的《中央定价目录》和《北京市定价目录》可知，目前我国在水、电、天然气、供热、交通、邮政、环境卫生等公用事业领域，仍然实行政府定价或者政府指导价。结合《中央定价目录》和《北京市定价目录》修订情况来看，上述公用事业领域的政府定价目录基本稳定，只有个别地方进行了微调，例如，将铁路运输服务中"中央管理企业全资及控股铁路货物、行李运价率"调整为"大宗货物、行李运价率",限缩了货物运价率政府定价的范围,但并未直接取消政府定价。这充分说明,上述定价目录中涉及的公用事业领域所秉持的政府定价模式具有较强的稳定性。

二、政府定价模式存在的主要问题

政府定价或者政府指导价为主的定价模式,虽然对于稳定公用事业价格、保护公众合法权益具有非常重要的作用,但是,这种僵化的定价模式对市场的关注明显不足,也会产生诸多问题。

(一)政府定价模式不能真实反映公用事业产品或者服务的价格

在现代市场经济学中,价格是根据供给与需求之间的互相影响、平衡产生的。市场理论认为,完全市场条件下一般商品的市场行为是价格上升则供给增加、需求减少,价格下降则需求增加、供给减少,由此配置市场资源并带来商品价格与其价值(自然价值)的一致,实现市场出清。[1]但是,在政府定价模式下,确定公用事业产品或者服务价格时需要考虑多种因素。除市场供求关系之外,还需要考虑公共利益的需求,确保普遍服务[2]的实现。以信函、包裹等邮政普遍服务为例,目前仍然实行政府定

---

[1] 赵儒煜:"论传统市场理论价格机制的局限性",载《河南大学学报(社会科学版)》2018年第5期。

[2] 普遍服务是指那些应该在任何地方,以可以承受的价格向每一个潜在的消费者提供必需的服务。该定义包含以下几层意思:①普遍服务是一种最低层次的现代意义上的生活必需品;②普遍服务更多情况下是政府的一种政治性承诺,但也可能是对企业的一种潜在市场需求;③任何地方包括那些远离城市的穷乡僻壤;④可以承受的价格,意味着潜在的消费者(无论在城镇还是在乡村)可能属于低收入阶层,因而他们所能支付的是一种弹性很小的低价格;⑤普遍服务是一种动态的需求,它的最低层次实际上是一国整体经济发展水平、城市化进程和居民收入水平的因变量。参见余晖:《管制与自律》,浙江大学出版社2008年版,第108页。

第四章　方式转型：公用事业定价机制的改革及多种规制方式的协调

价模式，政府以明显低于市场的价格不分地域地提供同等质量的寄递服务，就西部偏远地区而言，其实际收取的资费远远低于实际的服务成本。在政府定价模式下，此类公用事业产品或者服务的提供，几乎不考虑实际的成本，因为最终的差价均由政府买单。从这个意义上而言，政府定价模式实际上导致定价不能完全真实地反映公用事业产品或者服务的实际价格，引发了诸多其他问题。

政府定价缺乏对公用事业产品或者服务价格的关怀，从而导致内部存在巨大的信息不对称，相关公用事业产品或者服务的真实市场价格是多少，往往缺乏准确评估，从而导致政府补贴本身成为一笔"糊涂账"。以邮政领域为例，当前我国邮政普遍服务补偿，几乎是处于一种完全不公开、不透明的状态，如何补偿？补偿多少？参照何种标准？一直是个谜。"2003年，补贴计划结束，邮政继续跟财政部要钱。达瓦（国家邮政局政策法规司原司长——笔者注）透露，当时邮政拿出的普遍服务资金需求申请额是两百多亿元，这个数字不被财政部认可。双方讨价还价后，最终在2005年左右，邮政和财政两个部门达成共识，即财政部每年对普遍服务的补贴原则上不超过59亿元的上限。"[1]这种通过讨价还价而不是基于公共产品或者服务本身的成本确定补贴数额的做法，会进一步扭曲公用事业领域的价格体系，不利于公用事业行业的持续、健康发展。

(二) 政府定价模式不利于公用企业技术和管理创新

公用事业产品或者服务的政府定价，通常采取一种超低价的方式来保障社会公众都能够以承受得起的价格享受公用事业产品

---

[1] 谢鹏："中国邮政要收'份子钱'吃着政府的补贴，看着快递的钱包"，载《南方周末》2013年7月18日。

或者服务。但是，我国公用事业定价方式本身存在不科学之处，公用事业定价一直沿用成本加成、特别定价和价外加价三位一体的定价机制，其中成本加成是为了保证企业的可持续发展，特别定价是为了支持企业某一方面的发展，价外加价是为了补充建设投资。[1]成本定价存在的问题主要是成本核定。目前公用事业定价的合理性成本没有界定标准和范围，管理部门与企业之间存在严重的信息不对称，难以对公用事业成本形成有效的约束，再加上原来政企不分，使成本普遍高估、价外加价也明显偏高，从而给成本合理性与真实性的判定带来难度，以致成为公用事业价格改革的瓶颈。[2]这种公用企业产品或者服务价格的不透明，使得公用企业可以脱离市场竞争而生存，或者说在政府的襁褓中享受政府补贴而运行。公用企业缺乏市场竞争的压力，必然会丧失技术和管理创新的动力，而在激烈的市场竞争面前，缺乏创新动力的企业迟早会被市场淘汰。

（三）政府定价模式最终可能损害社会公众的利益

政府定价模式的初衷是通过政府定价的方式确定一个合理的价格，保证社会公众无论身处何地都能够以支付得起的价格享受公共服务或者产品。基于这种普遍服务目标的考虑，政府所定价格通常都会低于同期市场价格，这使得社会公众短期内可以享受政府补贴红利。但是，如前所述，政府定价不能真实反映公共产品或者服务的实际价格，导致公用企业缺乏技术和管理创新的动力，始终处于低效运行的状态。在政府补贴与低效运行之间进行

---

〔1〕 张永刚、彭正龙、罗能钧："我国市政公用事业价格管制模式探讨"，载《价格理论与实践》2005年第12期。

〔2〕 邹积亮：《市场经济条件下的价格管制研究》（第2辑），经济科学出版社2012年版，第143页。

第四章 方式转型：公用事业定价机制的改革及多种规制方式的协调

封闭运行，由于缺乏市场竞争机制的介入，这种封闭运行将形成恶性循环。公用事业产品或者服务的提供者缺乏足够的动力改进技术、提高产品或者服务质量，长此以往，将在很大程度上导致特定公用事业领域整体生产效率较低，而产品和服务的质量难以提升，反过来可能最终损害社会公众的利益。所有社会公众只能毫无选择地接受质低价廉的公共产品和服务，而难以享受价格低廉且质量不断提高的公共产品和服务。

第二节 未来转型：市场调节价为主、政府指导价为辅

公用事业市场化改革的历程表明，政府定价范围过宽，实际上最终既不利于公用企业的发展，也不利于社会公众利益的保护。因此，逐步缩小政府定价和政府指导价的适用范围，形成以市场调节价为主、政府指导价为辅的定价机制，将是未来公用事业定价的发展方向。

一、逐步缩小政府定价和政府指导价的适用范围

随着我国市场经济的深入发展，公用事业这一具有自然垄断特征的领域也被逐步卷入市场化的浪潮。传统观念认为，公用事业因为具有自然垄断[1]的特点，无需市场竞争的存在。现代学者一般认为："自然垄断只是市场竞争的阶段性'结果'，但总有

---

[1] 自然垄断理论通常是指这样一种生产技术特征：面对一定规模的市场需求，与两家或更多的企业相比，某单个企业能够以更低的成本供应市场。[美] 丹尼尔·F. 史普博著，余晖等译：《管制与市场》，上海三联书店、上海人民出版社1999年版，第4页。

人试图使其成为市场竞争的永久性'终结'。自然垄断之所以是自然和合理的,正是因为竞争是它产生的基本前提,自然垄断绝不能脱离竞争的概念而单独存在。"[1]因此,公用事业领域产品或者服务的提供是可以引入市场竞争的,但是,这种市场竞争理念经历了一个非常长的逐渐被接受的过程,而这种理念真正落实到公用事业具体领域将经历更加漫长的过程。

近年来,我国公用事业市场化改革不断推进,党的十八届三中全会通过的《中共中央关于全面深化改革若干重大问题的决定》指出:"完善主要由市场决定价格的机制。凡是能由市场形成价格的都交给市场,政府不进行不当干预。推进水、石油、天然气、电力、交通、电信等领域价格改革,放开竞争性环节价格。政府定价范围主要限定在重要公用事业、公益性服务、网络型自然垄断环节,提高透明度,接受社会监督。"2015年10月,国家发展改革委发布了《中央定价目录》,定价范围大幅缩减,种类由13种(类)减少到7种(类),约减少46%。具体定价内容由100项左右减少到20项,约减少80%。同时,各省级价格主管部门也相继制定出台了本省(自治区、直辖市)的地方定价目录。地方具体定价目录约20类,平均缩减了约50%。保留的定价项目主要限定在重要公用事业、公益性服务和网络型自然垄断环节。[2]2020年新修订的《中央定价目录》将定价内容缩减20%,将政府定价范围限定在重要公用事业、公益性服务和网络型自然垄断环节,进一步限缩了公用事业政府定价的范围。如电力和天然气价格,按照"放开两头、管住中间"的改革思路,将"电力"项目修改

---

[1] 周林军:《公用事业管制要论》,人民法院出版社2004年版,第59页。
[2] 许光建、丁悦玮:"深入推进价格改革 着力提升'放管服'水平——十八大以来价格改革的回顾与展望",载《价格理论与实践》2017年第5期。

第四章　方式转型：公用事业定价机制的改革及多种规制方式的协调

为"输配电"，"天然气"项目修改为"油气管道运输"。[1]

但是，整体而言，未来还应当进一步减少政府定价和政府指导价的范围。比如，在铁路运输领域，目前我国采取较为严格的政府定价和政府指导价，这主要是因为目前铁路行业几乎属于国家完全垄断，缺乏有效的市场竞争。未来的改革方向应当是通过引入市场竞争机制，逐步缩小政府定价和政府指导价的范围。特别是随着PPP模式在我国的推广，铁路领域也开始引入PPP模式，社会资本通过PPP模式进入公用事业领域。在此背景下，基于社会资本本身的逐利性及其市场化思维，传统的政府定价模式甚至政府指导价模式都将面临较大挑战。这将进一步要求我们不断限缩政府定价和政府指导价的适用范围，不断引入市场调节价。

二、形成以市场调节价为主、政府指导价为辅的定价机制

党的十八届三中全会通过的《中共中央关于全面深化改革若干重大问题的决定》指出："完善主要由市场决定价格的机制。凡是能由市场形成价格的都交给市场，政府不进行不当干预。推进水、石油、天然气、电力、交通、电信等领域价格改革，放开竞争性环节价格。政府定价范围主要限定在重要公用事业、公益性服务、网络型自然垄断环节，提高透明度，接受社会监督。"2020年，党的十九届五中全会进一步提出，要"坚持和完善社会主义基本经济制度，充分发挥市场在资源配置中的决定性作用，更好发挥政府作用，推动有效市场和有为政府更好结合。"可见，充分发挥市场机制的作用是未来我国价格改革的基本方向，即便

---

[1] 曹敏："进一步促进政府定价的规范化、法治化和清单化——国家发展改革委价格司有关负责人就修订《中央定价目录》答记者问"，载《中国经贸导刊》2020年第8期。

是公用事业领域,也存在竞争性与非竞争性环节、基本与非基本服务,因而需要稳步放开公用事业竞争性环节、非基本服务价格。价格决定机制的市场化是充分发挥市场在资源配置中的决定性作用的重要体现之一,未来公用事业价格改革的基本方向应当是,逐步缩小公用事业政府定价的适用范围,形成以市场调节价为主、政府指导价为辅的定价机制,逐步取消政府直接定价,实行政府指导价的公用事业领域也仅限于与公众生活息息相关、难以运用市场手段予以调节的领域。

第三节 定价模式的选择与价格成本监审制度的完善

公用事业定价模式与价格成本监审是公用事业价格机制中非常重要的两项内容。公用事业定价模式旨在为公用事业产品和服务价格的确定提供科学方法,价格成本监审制度则可以为公用事业定价提供科学依据,二者共同致力于公用事业的发展。

一、公用事业定价模式的选择

(一)公用事业的主要定价模式

早在19世纪末,各国学者就开始对公用事业的定价进行深入研究,并产生了一系列有影响的定价模式,主要包括四种:边际成本定价模式、拉姆士定价模式、投资回报率定价模式和最高限价管制模式。[1]

---

[1] 陶小马、黄治国:"公用事业定价理论模式比较研究",载《价格理论与实践》2002年第7期。

第四章　方式转型：公用事业定价机制的改革及多种规制方式的协调

1. 边际成本定价模式

根据经济学理论，如果价格定在生产的边际成本水平，那么消费者的需求和厂商的供给能够达到最优均衡，即当某一产品的价格与其边际成本相等时，将实现帕雷托最佳配置。所以，从理论上讲，只有在价格与边际成本相等时，产量对于社会福利来说才是最优的。但实际情况是，当公用事业的投入成本较大时，即使边际成本很低，其平均成本也必然超过边际成本，生产公用事业的企业将面临亏损，所以企业的积极性就不高。针对此种情况，政府为了维持公用事业的生产，不得不对企业进行财政上的公用事业补贴，否则企业的生产将很难长期维持下去。因此，边际成本定价模式虽然符合经济学原理，但是在实际中却较少用到。[1]

2. 拉姆士定价模式

拉姆士定价模式是当企业按照边际成本定价将会出现亏损时，采取的一种次优的定价方式，即在保证企业可以实现收支平衡的前提下，达到社会福利的最大化。拉姆士定价模式是对边际成本定价模式的补充。拉姆士定价模式假设公用事业企业必须回收全部成本，这意味着消费者要承担弥补企业成本的责任。拉姆士定价模式一般在电信行业应用较为广泛。电信行业的特点之一是产品的多样化，有固定电话和移动电话等服务，而固定电话又包括市话、国内长途、国际长途等，因此电信企业可以充分运用产品多样化的优势，通过对所有服务的收费回收成本。[2]

---

[1] 马进、谢巧燕：“市场化进程中我国公用事业定价机制设计”，载《社会科学家》2010年第6期。

[2] 陶小马、黄治国：“公用事业定价理论模式比较研究”，载《价格理论与实践》2002年第7期。

3. 投资回报率定价模式

投资回报率定价模式，又称为资本收益率管制定价模式，是以美国为代表的西方国家对自然垄断产业的定价方法。该方法认为企业不光要收回投资成本，还要能取得一定的收益，但是重点与难点在于确定资本收益水平和资本回报计算基数。此定价模式交易成本高、定价过程复杂。此外，企业的数据真实性对于基数的计算影响很大。[1]投资回报率定价模式又是对拉姆士定价模式的补充，其认为企业除了要在投资中收回成本，还要有一定的收益。这在一定程度上提高了企业的投资积极性，但是企业应获得的收益是通过"讨价还价"得到的，这样会导致垄断企业的过度投资，造成资源配置上的低效率。[2]

4. 最高限价管制模式

最高限价管制模式，又称为价格上限管制模式，是政府为实现社会福利最大化与生产效率最高化而根据以往数据进行的最高价格限制，代表是英国的RPI-X管制。该定价模式的优点是政府允许价格浮动，即企业会努力追求高生产效率，降低成本，否则企业就要承担亏损的后果。这种模式是对投资回报率定价模式的补充和完善，但其在设计上会抑制垄断企业的无限收益与扰乱资源的最优配置，从而对国民经济造成损害。而且此种定价模式确定的上限不精确，因此对中国这样一个地大物博的国家来说实际操作的可能性极低。[3]

---

〔1〕 张国运："对我国公用事业产品定价机制的思考"，载《辽宁经济》2019年第6期。

〔2〕 马进、谢巧燕："市场化进程中我国公用事业定价机制设计"，载《社会科学家》2010年第6期。

〔3〕 张国运："对我国公用事业产品定价机制的思考"，载《辽宁经济》2019年第6期。

第四章 方式转型：公用事业定价机制的改革及多种规制方式的协调

(二) 我国公用事业的定价模式

我国《价格法》充分考虑我国国民经济的发展阶段以及产品的供给与需求关系，在社会平均成本的基础上对公用事业产品进行定价。此定价模式在一定程度上解决了我国构成复杂而又统一计划的商品经济矛盾，在考虑社会承受能力的情况下是一种较为适用的定价模式，即"成本加合理利润"模式。具体构成是：社会平均生产成本+税费+合理利润。

公用事业定价的初始定价模型为：$P = C \times (1+R) + T + V$。其中：P 为政府规定的最高限价；C 是生产公用事业产品的社会平均生产成本；R 为成本利润率；T 为法定税金；V 是受供求、政策等要素影响的调整额度，此额度既可以是正值，也可以是负值。公用事业价格的调整价格模型为：$P' = P \times [1 + (ROI - X)]$。其中：P′为调整价格；P 为调整前价格；ROI 为消费物价指数；X 为公用事业劳动生产率的提高幅度。

在我国，很难对影响供求、政策的因素进行具体的测算，某些地方性国有企业生产的公共产品应政府规定的社会福利要求会出现两种不同的情况。政府的决策会受到很多外部条件的影响，这些影响可能来自实业界、政治界以及社会团体。当然，政府自己面对的财政压力、民生压力也不可忽视。监督机制的缺失、约束条件的不完备，会使价格偏离最优（定价过低财政难以进行补贴，而定价过高就会偏离社会福利最大化的轨道），从而为"管制俘获"提供了依据。[1]

---

[1] 张国运："对我国公用事业产品定价机制的思考"，载《辽宁经济》2019 年第 6 期。

(三) 我国公用事业定价模式的完善

通过上述对现有公用事业主要定价模式和当前我国公用事业定价模式的探讨，笔者认为，我国公用事业价格改革不能选择一种固定的模式，而是要依据不同地区、不同行业的公用事业的市场化程度，以及相关环节配套改革情况，采取"多样模式并存、分步实施深化"的总体思路，依据市场化的进程采取分步走的策略。[1]

首先，应当继续维持现行"成本加合理利润"模式，加强对成本因素的审核。尽管这种模式在实践中存在成本约束软化等弊端，但在一定期间内还要维持。这主要基于两方面考虑：一是，当前我国的公用事业正处于改革初期，盘活国有资产、实现保值增值是重点；二是，公用事业的前期投资金额大，回报周期长，故预先设计一定的利润或回报率，可以有效地吸收社会资本以参与基础设施建设。因此，在一定期间内维持现行的"成本加合理利润"模式具有一定的积极意义。尤其是对那些垄断程度较高、市场化改革深入的公用事业，还可以继续采用这种模式。

其次，在对"成本加合理利润"模式进行改进的基础上，采取公正报酬率定价模式。公正报酬率定价模式，是指在保证企业能够收回全部投资的前提下，通过限制企业资本投资报酬率的办法来使企业资本获得公正的报酬。这是平均成本定价的一种模式，最初由美国人提出并在实践中运用。该模式在合理确定企业成本的基础上，制定所谓的公正报酬率来确定产品的最终价格。根据公正报酬率定价模式的基本公式，每单位公用事业产品（服

---

[1] 刘辉："市场化进程中城市公用事业定价模式的选择"，载《价格理论与实践》2008年第8期。

第四章 方式转型：公用事业定价机制的改革及多种规制方式的协调

务）的价格等于每单位的平均可变成本加上每单位产品（服务）所投资本获得的利润。这里平均可变成本主要指运营支出等项目，每单位产品（服务）所投资本指除平均可变成本以外的其他投入。采取公正报酬率定价模式，既可对成本因素进行改革，也可对合理利润因素进行改革。

最后，在公正报酬率定价模式的基础上，采取价格上限和网络接入定价相结合的定价模式。公正报酬率定价和"成本加合理利润"定价都是成本加成的定价模式，而价格上限定价就是一种固定价格模式，不仅适用于单一产品价格规制，也适用于多产品价格规制。企业可以将相关的产品分类，通过计算每种价格的平均权重，对所有产品建立一个总的价格上限，企业被允许修改每一种产品的价格，只要总价格（平均权重价格）不超过规制者设定的价格上限即可。网络接入定价是建立在对自然垄断产业的网络性质认识基础上的，主要思想就是科学合理地划分竞争环节和垄断环节，通过在竞争环节引入竞争，在垄断环节采取接入规制的方式，制定合理的接入价格，保证新进入者和原在位企业之间进行公平有效的竞争。这种定价规制关注的是成本补偿和生产效率，而不是配置效率。

总之，要以现有较为成熟的定价方法和定价模型为基础，积极探索适合我国国情的公用事业定价方法，建立符合各类公用事业行业特点的高效多元的定价方式，使制定的规制价格起到刺激公用事业企业努力降低成本、提高效率的作用，从而达到完善我国公用事业行业的定价方法的目的。

二、公用事业价格成本监审制度的完善

为了保证公用事业领域中公共产品和服务价格的稳定，保护社会公众的利益，我国对公用事业领域中与公众利益息息相关的非竞争性的环节，采取政府定价，成本加成法是政府定价中的常见方式。这种方法以公共产品或者服务的成本为基础，努力实现经营者与消费者之间的利益平衡。那么如何科学合理界定成本？成本监审制度应运而生，并在此过程中发挥重要作用。

(一) 公用事业价格成本监审制度的理论与实践

1. 公用事业价格成本监审制度的概念

公用事业价格成本监审是公用事业价格形成的重要基础环节和重要依据之一，其理论意义重大、现实工作迫切，对于今后进一步完善公用事业价格成本监审政策、提高公用事业的价格监管水平，具有重要作用。[1]根据现行《政府制定价格成本监审办法》第3条第1款的规定，成本监审是指定价机关通过审核经营者成本，核定政府制定价格成本（即定价成本）的行为，是政府制定价格的重要程序，是价格监管的重要内容。可见，公用事业价格成本监审旨在通过特定的方法，对公共产品或者服务经营者的经营成本进行科学核定，进而为政府制定价格提供重要参考。因此，成本监审在公用事业定价中具有重要的意义。

2. 公用事业价格成本监审制度的立法变迁

关于成本监审的立法，1997年颁布的《价格法》就初步奠定了其雏形和法律地位，其中第22条规定："政府价格主管部门和其他有关部门制定政府指导价、政府定价，应当开展价格、成本调查，听取消费者、经营者和有关方面的意见。政府价格主管部门开展对政府指导价、政府定价的价格、成本调查时，有关单位

---

[1] 赵全新："关于公用事业价格成本监审若干问题的思考"，载《价格理论与实践》2017年第11期。

第四章 方式转型：公用事业定价机制的改革及多种规制方式的协调

应当如实反映情况，提供必需的账簿、文件以及其他资料。"该条规定虽然并未明确使用成本监审的表述，但实际表达的就是成本监审的内容。此时的成本监审工作尚处于萌芽和摸索阶段。随后，2002年，国家发展改革委发布《重要商品和服务价格成本监审暂行办法》，对价格主管部门的成本监审工作作了较为全面和具体的规定，其中第5条规定："本办法所称成本监审是指价格主管部门对经营者的成本进行调查、审核和核算价格成本的活动。成本监审实行目录管理。列入成本监审目录的商品和服务，由国务院价格主管部门和省、自治区、直辖市价格主管部门依据实际情况确定，并对外公布。"在此背景下，从2002年到2004年年底，仅仅两年的时间，我国34个省级行政区中有28个省级的价格主管部门积极在当地开展成本监审工作，并制定、整理定价成本监审目录。政府成本监审的项目几乎涵盖了各类重要商品与服务，如资源能源成本（供水、供热、供气）、交通运输成本（城市交通、管道运输）、教育成本、房产建设成本、环境保护成本、文化旅游成本、医疗服务成本等。[1]

2006年国家发展改革委发布《政府制定价格成本监审办法》，详细规定了成本监审的含义、机构、原则、程序、权利义务及法律责任等，这标志着价格成本监审工作真正进入了法制化、规范化、科学化的轨道。2017年，国家发展改革委发布新的《政府制定价格成本监审办法》，对成本监审实施十余年来暴露出的问题予以了改进，使价格成本监审办法更具可操作性，一些经济技术指标体系也更能符合不断发展变化的新时代的要求。为了配合和保障2006年《政府制定价格成本监审办法》的实施，国家发展

---

[1] 孙琦："我国政府定价成本监审问题研究"，东北大学2018年硕士学位论文。

改革委在 2007 年出台了《定价成本监审一般技术规范（试行）》，为政府价格主管部门对实施政府指导价、政府定价的商品和服务进行成本监审时审核确定定价成本提供了明确的原则和广泛的方法。以上立法的出台，标志着我国价格成本监审进入了新阶段。

（二）公用事业价格成本监审制度存在的问题

随着我国市场经济发展的不断深入，实行政府定价的领域正在不断减少，公用事业是其中的重要领域之一，而在此过程中，成本监审具有重要意义。多年的实践表明，现有公用事业定价中的成本监审制度仍然存在诸多问题，制约了公用事业价格机制，也影响了公用事业的长远发展。

1. 成本监审的立法位阶不高

如前所述，虽然近年来我国成本监审的立法不断完善，但主要是通过部门规章和各种规范性文件进行规定的。随着我国经济和社会的快速发展，现有规定已经难以适应新时代的发展要求。仅有国家发展改革委发布的《政府制定价格成本监审办法》这一部门规章，而全国尚未有一部成本监审的行政法规和地方性法规，已经无法满足实践的需要。现有价格成本监审法律体系的不完善，特别是成本监审立法位阶过低，使得成本监审在政府定价实践中不受重视，进而导致成本监审在政府定价中的重要作用未能得到充分发挥。

2. 公用事业价格成本约束机制不健全

公用事业领域涉及公共产品和公共服务的提供，部分领域甚至还涉及普遍服务业务，因此通常由国有企业进行垄断经营，导致其市场竞争不充分，从而难以形成社会平均成本和平均价格。在此背景下，公用事业企业往往凭借其在成本费用搜集方面的主

第四章　方式转型：公用事业定价机制的改革及多种规制方式的协调

动权和优势，出于对企业利益的考虑，对外不提供全面、真实的成本数据，甚至通过不法手段虚增企业成本，以期获取更大的利益。目前我国公用事业成本监审办法中的一些审核指标不够细化、量化，导致合法的会计成本往往被视为合理的。企业缺乏降低成本的动力和压力，即使经营成本不断膨胀也得不到有效约束，道德风险与逆向选择问题不可避免地出现，亟须建立健全公用事业价格成本约束机制。[1]

3. 成本监审中成本信息公开制度不完善

当前成本监审中，由于信息不对称，成本监审成为政府与企业之间的博弈，政府有时难以真正掌握公用事业企业的实际运行成本，从而给公用事业政府定价带来障碍。成本信息公开制度不完善是引起这种状况的重要原因。在我国目前的成本监审实践中，通常只公开成本监审结论和较为笼统的成本信息，因而社会公众无法从公开的成本信息中发现其具体的构成并监督其真实性。在立法上，中央层面尚未制定价格成本信息公开的具体规则，而在地方层面，只有少数省级价格主管部门制定了价格成本信息公开办法。这就导致实践中成本信息公开存在较大困难，企业往往以涉及财务机密、商业秘密、个人隐私等为由不愿意公开相关成本信息和数据。

4. 成本监审的工作力量薄弱、队伍素质参差不齐

当前，部分政府定价成本监审人员综合素质较低，专业水平不高，再加之监审经验的缺乏，无法圆满完成政府定价成本监审的工作任务。由于政府定价成本监审对专业基础的要求较高，缺乏经验、没有责任心、没有过硬的专业知识和业务储备的人难以

---

[1] 赵全新：“关于公用事业价格成本监审若干问题的思考”，载《价格理论与实践》2017 年第 11 期。

胜任这一工作。这一问题在基层成本监审队伍上体现得尤为明显。目前，我国政府定价成本监审人员素质不高主要表现在：①部分人员对于相关法律不熟悉，对政府定价成本监审的监审办法、制度规范和技术规范没有深入的了解和把握；②部分人员的成本会计、税收等专业知识基础薄弱，造成了价格管制、核算方法等理论知识与实际监审工作的脱节；③间接经验和直接经验缺乏；④我国各地区的政府定价并未形成统一的成本监审标准。

(三) 公用事业价格成本监审制度的完善

随着我国公用事业价格改革的持续深入推进，进一步加强政府定价成本监审成为重要方向，这也对成本监审提出了更高的要求，需要不断完善。对此，结合上文论述的问题，笔者提出以下建议。

1. 提高成本监审的立法位阶

立法先行是新时代依法治国的基本要求，新时代背景下的成本监审工作迫切要求与之适应的法律法规体系为其提供强劲的制度支撑。在修订《政府制定价格成本监审办法》、加快制定部分行业定价成本监审办法的基础上，应加快立法步伐，尽快出台政府制定价格成本监审条例、具体行业定价成本监审办法等，明确价格成本监审的职能定位及具体行业的经济、技术参数，完善价格成本监审法律法规体系，提高价格成本监审的法律层次，不断健全价格成本监审行为约束和风险防范机制。

2. 健全公用事业价格成本约束机制

其一，定价机构应当根据实际情况，加强调研，积极与行业主管部门及审计、财政等部门加强沟通配合，重新细化修订行业成本监审指标，使成本审核相关指标更实际有效，操作阻力更小，合理界定运营成本，规范成本费用支出。其二，研究建立健

第四章 方式转型：公用事业定价机制的改革及多种规制方式的协调

全成本评估约束机制，扩大定期成本监审的范围，准确掌握城市公用事业社会平均成本积累数据。其三，定价机关也可以依据成本变化趋势，合理制定下一轮调价政策方案。这意味着加强成本费用的评估和约束，分析企业成本构成与变化的合理性及存在的问题，及时提出降低成本的合理化建议，严格控制成本增长和费用支出。其四，研究建立公用事业经营和成本控制建议书制度，及时分析评估定价成本的变化情况，相对客观地评价成本绩效，充分发挥成本监审后期的跟踪监督作用。

3. 加快建立价格成本信息公开机制

价格成本信息公开是价格管理政务公开的重要内容，也是强化社会监督、推进政府定价公开透明、促进经营者加强管理、维护消费者权益的重要措施。按照《中共中央、国务院关于推进价格机制改革的若干意见》的要求，对实行成本监审的政府定价商品和服务，要逐步建立健全成本信息公开制度。为推进成本信息公开，要加快建立健全成本信息公开机制，构建企业成本信息公开、定价成本监审结论公开以及价格听证会公开三个层面的价格成本信息公开机制。全国或全省范围内统一的价格成本信息公开的规则，按定价目录或监审目录明细制定，明确价格成本信息公开的项目、范围、内容、程序、公开形式等，确保各地在价格成本信息公开时有据可依、统一口径。由于价格成本信息公开涉及社会公众、企业和政府多个方面，需要在总结经验的基础上，稳妥有序推进，逐步健全规范。[1]

4. 加强政府定价成本监审队伍建设

我国的政府定价成本监审工作由于部分监审人员的知识、技

---

[1] 赵全新："关于公用事业价格成本监审若干问题的思考"，载《价格理论与实践》2017 年第 11 期。

能、经验储备较少，综合素质有待提升，很大程度上影响了政府定价成本监审的工作效率和效果。因此，需要充实定价成本监审工作人员的基础知识，提高其定价成本监审技能，健全定价成本监审工作培训机制，全面提高定价成本监审人员的综合素质。建立一支综合素养过硬的定价成本监审队伍应从以下几方面进行：①端正定价成本监审人员的思想观念，提高其政治素养。由于是对重要商品与服务进行政府定价成本监审，成本监审人员势必要与重要商品和服务提供单位的相关人员接触，加强思想上、政治上的培训可以帮助定价成本监审人员在思想上做到公平公正，从而提高其抵御诱惑的自觉性。②进行定期的业务培训，不仅要强化定价成本监审人员对成本会计、财务核算等理论知识的学习，还要提高其在实际工作中的调查与测算能力。③建立统一的政府定价成本监审平台，便于各地区之间交流成本监审工作经验，分享典型案例，总结先进经验。也便于政府信息的公开。④建立明确统一的人才选拔标准，如职业资格证书，计算机证书和相关会计、审计、财务证书等，对理论知识和业务能力作出明确的规定，保证政府定价成本监审人员基本素质的提高。[1]

第四节 价格规制与反垄断、反不正当竞争等规制方式的协调

价格规制作为公用事业政府规制的传统手段之一，虽然是一种比较符合市场化标准的传统政府规制手段，但与反垄断和反不正当竞争两种规制方式相比，价格规制也存在自身的劣势。因

---

〔1〕 孙琦："我国政府定价成本监审问题研究"，东北大学 2018 年硕士学位论文。

第四章 方式转型：公用事业定价机制的改革及多种规制方式的协调

此，在公用事业市场化改革的过程中，协调好价格规制与反垄断、反不正当竞争之间的关系，有着非常重要的意义。

一、价格规制与反垄断、反不正当竞争规制方式的关系

在市场竞争中，价格竞争是企业之间竞争的主要手段，而价格又是企业实施不正当竞争和垄断行为的主要媒介之一。在公用事业市场化过程中，需要防止企业滥用价格手段进行垄断和不正当竞争。我国《价格法》规定了八种不正当价格行为，其中既包括价格不正当竞争行为，也包括垄断行为。《反垄断法》也对价格垄断协议和滥用市场支配地位的价格垄断行为作了规定。因此，可以预见，随着价格机制逐步理顺和市场机制不断完善，对不正当价格行为的监管将会成为价格规制的核心内容，而如何认识和处理反不正当竞争法、反垄断法与价格规制立法之间的关系，将会成为一种紧迫而极具现实意义的问题。[1]由此可见，反垄断和反不正当竞争似乎是价格规制的重要手段之一，但这仅仅是二者关系的一个方面。

反垄断和反不正当竞争作为一种重要的市场规制手段，其功能还体现在价格之外的领域。根据《反垄断法》第3条的规定，垄断行为包括：①经营者达成垄断协议；②经营者滥用市场支配地位；③具有或者可能具有排除、限制竞争效果的经营者集中。如果说"垄断协议"和"滥用市场支配地位"都可能涉及价格垄断行为，那么"具有或者可能具有排除、限制竞争效果的经营者集中"则与价格垄断并不直接相关。但经营者集中会在事实上形成垄断，影响公用事业行业的正常市场竞争，因此也需要相关的

---

[1] 史际春、肖竹："论价格法"，载《北京大学学报（哲学社会科学版）》2008年第6期。

规制，但这种规制不是价格规制，而是反垄断规制。

同时，《反不正当竞争法》第二章用七个条文对不正当竞争行为进行了规定，在这些不正当竞争行为中，有的与价格不正当竞争密切相关，如第10条的有奖销售、第11条的虚假宣传，都可能涉及价格不正当竞争行为。而第6条至第9条、第12条所规定的混淆行为、贿赂交易、虚假宣传、侵犯商业秘密、网络领域不正当竞争行为五种不正当竞争行为，则与价格不正当竞争没有直接关系。但是，这些不正当竞争行为仍然会实质性地损害市场公平竞争，需要予以规制。在公用事业领域，随着市场化的推进，上述与价格不直接相关的不正当竞争行为仍然需要规制，但这种规制手段不是价格规制，而是不正当竞争规制。

综上，价格规制与反垄断、反不正当竞争规制之间存在互相补充的关系，为建立公平、有序的市场竞争环境发挥各自的作用。但是，如何让三者之间实现有效衔接，则需要立法、执法等各方面的努力。[1]

二、充分发挥反垄断、反不正当竞争规制方式的作用

如前所述，价格规制与反垄断、反不正当竞争规制之间关系密切，可以互为补充。在公用事业价格规制中，需要充分发挥反垄断、反不正当竞争规制方式的作用。

第一，通过反垄断规制防止公用事业领域形成新的垄断。公用事业市场化改革本身是一个破除垄断的过程，通过破除垄断，引入市场化竞争，提高公用事业产品或者服务提供的质量，提升公共服务提供的水平，增进人民福祉。但是，由于公用事业诸多

---

[1] 史际春、肖竹："论价格法"，载《北京大学学报（哲学社会科学版）》2008年第6期。

第四章 方式转型：公用事业定价机制的改革及多种规制方式的协调

领域兼具自然垄断的特征，引入市场竞争也要有一定限度，否则难以形成高度市场化的场景。在公用事业市场化改革过程中，还需要防止在有限竞争之后再次形成垄断的风险。对此，反垄断规制方式将扮演非常重要的角色。

　　第二，防止不正当竞争行为带来的公共产品或者服务供给的不稳定。不正当竞争行为既扰乱了市场竞争秩序，也会损害其他经营者和消费者的合法权益。公用事业领域适度的市场竞争旨在不影响市场竞争秩序的前提下，提升公共产品或者服务的质量，更好地保障消费者的合法权益。但是，既然引入了市场竞争，就可能存在不正当竞争行为，此类不正当竞争行为对公用事业市场秩序所产生的危害将远超普通不正当竞争行为。因此，防止不正当竞争行为带来的公共产品或者服务供给的不稳定，应当是公用事业市场化改革过程中需要重点关注的问题。

第五章
正当程序：公用事业价格规制的正当性与合法性保障

正当程序已经成为现代行政法的核心内容，也逐步成为现代法治的灵魂。要使公用事业价格规制具有正当性、权威性，就必须坚持正当程序原则。首先，应当明确价格规制中的正当程序，保障价格规制的公开透明。其次，加强价格规制过程中的信息公开制度建设。信息不对称是价格规制中非常棘手的问题，应通过相关制度建设，要求规制机构及其对象及时公开相关信息。最后，保障价格规制中的公众参与。应通过改革和完善价格听证制度，保障公众的知情权和参与权。

第一节　明确价格规制中的正当程序

正当程序原则起源于英国法中的自然正义，成熟于美国法所继承的正当法律程序。英国1215年的《自由大宪章》和1355年爱德华三世颁布的一项律令（有人称为自由律）被视为正当法律程序的最早渊源。正当法律程序的实质是现代法律程序的要求，其核心要素在于不仅最终的实体结果应当是公正的，产生实体结果的过程同样应当是公正的。[1]到20世纪，包括许多欧洲大陆法系国家在内的世界多数国家纷纷进行行政程序立法，将正当程

---

〔1〕 应松年主编：《行政程序法》，法律出版社2009年版，第2页。

第五章　正当程序：公用事业价格规制的正当性与合法性保障

序原则确立为行政法的基本原则。[1]自然正义是关于公正行使权力的"最低限度"的程序要求，它包含公正程序的两项根本规则：一个人不能在自己的案件中做法官；人们的抗辩必须被公正地听取。[2]

在我国的法律传统中，程序观念淡薄、程序制度简陋几乎是公认的。直到20世纪80年代中国行政法重建，正当程序对于学界而言还是完全陌生的。[3]但是，最近20多年来，正当程序原则已经在学界变得耳熟能详并被广泛接受，成为行政法教科书中详细介绍的基本原则。[4]相关立法的规定让正当程序原则从理论回归实践。1989年颁布的《中华人民共和国行政诉讼法》（以下简称《行政诉讼法》）规定"违反法定程序"的行政行为可以撤销，在正当程序立法中具有标志性意义。随后1996年通过的被称为行政法"三部曲"的《中华人民共和国行政处罚法》（以下简称《行政处罚法》、2003年颁布的《中华人民共和国行政许可法》（以下简称《行政许可法》）和2011年颁布的《中华人民共和国行政强制法》对告知、陈述、申辩和听证的程序权均作了较为详细的规定，并且其他各领域的立法也在逐步引入正当程序原则。2004年国务院发布的《全面推进依法行政实施纲要》使用了"程序正当"一词，这也是政府首次对自身提出关于正当程序方面的基本要求。[5]

---

〔1〕周佑勇："行政法的正当程序原则"，载《中国社会科学》2004年第4期。
〔2〕[英]威廉·韦德著，徐炳等译：《行政法》，中国大百科全书出版社1997年版，第95页。
〔3〕何海波："司法判决中的正当程序原则"，载《法学研究》2009年第1期。
〔4〕姜明安主编：《行政法与行政诉讼法》（第六版），北京大学出版社、高等教育出版社2015年版，第77页。
〔5〕周佑勇："司法判决对正当程序原则的发展"，载《中国法学》2019年第3期。

一、正当程序的法律价值

行政程序是法律程序的一种，是行政权力运行的程序，具体指行政机关行使行政权力、做出行政行为所遵循的方式、步骤、时间和顺序的总和。行政程序作为规范行政权、体现法治形式合理性的行为过程，是实现行政法治的重要前提。行政程序具有以下重要价值：[1]

第一，扩大公民参政权行使的途径。传统的公民参政权在20世纪之后的社会法治化过程中已暴露出无法弥补的缺陷，这种缺陷表现为公民监督行政机关行使权力的间接性。从监督行政机关依法行使职权的最佳方案来看，事前监督显然优于事后监督，预防性监督显然优于追惩性监督。行政程序可以让公民越过自己的代表直接介入行政权的行使过程。

第二，保护相对人的法律程序权利。行政相对人的法律程序权利是一种被法律实用主义长期掩饰而不为人们所重视的法律权利。在行政法律关系中，行政相对人的法律程序权利只能通过相应的行政程序来保障。特别是当行政实体法发展到一定程度时，行政程序法也必然会逐步发展起来，应让行政相对人介入行政过程，以维护其合法权益。

第三，提高行政效率。行政效率是行政权的生命之所在。通过行政程序让行政相对人介入行政过程，有时可能会使一些不明真相的人阻挠行政机关实施行政行为，从而导致行政过程发生暂时中断，使行政效率因此受到损害。但是，我们更要看到行政程序也有提高行政效率的功能，表现在行政相对人对行政行为的认

---

[1] 姜明安主编：《行政法与行政诉讼法》（第六版），北京大学出版社、高等教育出版社2015年版，第328—330页。

第五章 正当程序：公用事业价格规制的正当性与合法性保障

同并自觉履行上，即让行政相对人的"怒"发泄在行政过程中，而不是在行政行为做出之后，促使行政行为获得及时执行。

第四，监督行政机关依法行使职权。行政程序本身所具有的控制行政行为的功能决定了行政程序具有监督行政机关依法行使职权的作用。同时，行政程序可以对行政裁量权实施可行性监控。行政实体法规定的对行政裁量权的监督难以起到制约作用，而行政程序却可以较有效地起到这方面的作用。最后，行政程序对行政权趋于正当、合理的行使可以产生一种引导作用。

二、公用事业价格规制的程序构造

公用事业价格规制的程序构造是指公用事业领域价格规制手段的运用需要按照何种程序开展。根据《价格法》的规定，我国政府定价方式主要有三种：政府定价、政府指导价和市场调节价。前两种定价需要按照法定程序确定，市场调节价由于根据市场确定，政府通常不能且无需干涉。因此，价格规制的程序构造主要集中在政府定价和政府指导价中。

《价格法》第23条规定："制定关系群众切身利益的公用事业价格、公益性服务价格、自然垄断经营的商品价格等政府指导价、政府定价，应当建立听证会制度，由政府价格主管部门主持，征求消费者、经营者和有关方面的意见，论证其必要性、可行性。"第24条规定："政府指导价、政府定价制定后，由制定价格的部门向消费者、经营者公布。"由此可见，价格听证是制定政府定价和政府指导价非常重要的法定程序。在此基础上，国家发展改革委还专门制定了《政府制定价格听证办法》以规范价格听证活动。《政府制定价格听证办法》经修改于2018年12月发布，并于2019年1月10日起施行。根据新的《政府制定价格听证办法》的规定,价格听证需要按照以下程序进行。

第一,价格听证的组织。定价听证由政府价格主管部门组织。省级以上定价机关制定价格需要听证的,由同级政府价格主管部门组织听证。省级人民政府授权市、县人民政府制定价格的,由市、县人民政府价格主管部门组织听证。制定在局部地区执行的价格需要听证的,政府价格主管部门可以委托下级政府价格主管部门组织听证。委托听证的,应当出具书面委托书并予以监督指导。政府价格主管部门可以通过政府购买服务等方式,由第三方机构参与定价听证的组织工作。

第二,听证人。听证会设听证人,代表政府价格主管部门专门听取听证会意见。听证人由政府价格主管部门工作人员、定价机关工作人员,以及政府价格主管部门聘请的社会知名人士、专业人士担任。听证主持人由听证人中的政府价格主管部门的工作人员兼任。听证人不得少于三人,具体人数及人员构成由政府价格主管部门确定。听证人履行下列职责:①听取听证参加人的意见陈述,并可以询问;②提出听证报告。

第三,听证参加人的组成。听证参加人由下列人员构成:①消费者;②经营者;③与定价听证项目有关的其他利益相关方;④相关领域的专家、学者;⑤政府价格主管部门认为有必要参加听证会的政府部门、社会组织和其他人员。鼓励消费者组织参加听证会。听证参加人的人数和人员的构成比例由政府价格主管部门根据听证项目的实际情况确定,其中消费者人数不得少于听证参加人总数的五分之二。

第四,听证参加人的遴选方式。听证参加人由下列方式产生:①消费者采取自愿报名、随机选取和消费者组织或者其他群众组织推荐相结合的方式;②经营者、与定价听证项目有关的其

第五章 正当程序：公用事业价格规制的正当性与合法性保障

他利益相关方采取自愿报名、随机选取方式，也可以由政府价格主管部门委托行业组织、政府主管部门推荐；③专家、学者、政府部门、社会组织和其他人员由政府价格主管部门聘请。随机选取可以结合定价听证项目的特点，根据不同职业、行业、地域等，合理设置类别并分配名额。政府价格主管部门可以根据听证项目的实际情况规定听证参加人条件。定价机关、听证组织部门的工作人员及其近亲属不得担任听证参加人。

第五，听证的程序。听证会按照下列议程进行：①主持人宣布听证事项和听证会纪律，介绍听证参加人、听证人；②定价方案提出人陈述定价方案；③定价成本监审人或者成本调查人介绍定价成本监审、成本调查的办法、结论及相关情况；④听证参加人对定价方案发表意见，进行询问，被询问人应当进行必要的解释说明；⑤必要时，主持人可以组织听证参加人围绕主要分歧点进行补充陈述；⑥主持人总结发言。

价格听证的组织者必须严格按照《政府制定价格听证办法》规定的程序组织或举行听证会，否则将承担相应的法律责任。[1]

此外，除了价格听证程序，公用事业价格规制还涉及反不正当竞争和反垄断程序的适用问题，鉴于本研究主要是从行政法视角展开，对于反不正当竞争和反垄断的具体程序不再详述。

三、公用事业价格规制程序的完善

上述分析表明，公用事业价格规制程序的核心是价格听证问题，因此在目前价格听证饱受质疑的背景下，完善公用事业价格规制程序的重点应当是完善价格听证程序。笔者将在第三节对价

---

[1] 详见《政府制定价格听证办法》第35条至第38条。

格听证程序存在的问题及其完善开展细致入微的研究。同时，考虑到信息公开也是现代政府规制的重要要求，笔者也将以专门的形式对价格规制中的信息公开开展研究，作为完善公用事业价格规制程序的组成部分。因此，从程序视角看，公用事业价格规制的核心是做好价格听证和信息公开工作。

第二节　强化价格规制中的信息公开

行政信息是行政机关在行使职权过程中所形成的各种"记录"。行政信息公开是行政机关根据职权或者行政相对人的请求，将行政信息向行政相对人或者社会公开展示，并允许其查阅、摘抄和复制。信息公开制度是现代社会中公民参与国家和社会事务管理，以及监督行政机关合法、正当地行使行政职权的基本前提，没有这一制度作保障，宪法和法律赋予公民的其他权利也难以实现。[1]

一、信息公开在价格规制中的定位

"任何人都有权利或者应该有权利创造或形塑属于自己的生活方式，并且通过自由、开放和没有限制的选择实现这种生活方式。"[2]实现这种自由选择首先需要知悉和获取大量的信息，没有知情权为基础的选择自由，其实是虚假的自由。公民之所以享有知晓与国家权力行使有关信息的基本权利，是因为这些信息本

---

〔1〕　姜明安主编：《行政法与行政诉讼法》（第六版），北京大学出版社、高等教育出版社2015年版，第345—348页。

〔2〕　[美]弗里德曼著，高鸿钧等译：《选择的共和国：法律、权威与文化》，清华大学出版社2005年版，第10页。

第五章 正当程序：公用事业价格规制的正当性与合法性保障

身就是"公共财产"，属全体公民共同所有，不是国家机关的"私货"，而且借助这些信息，公民可以有效地监督国家权力的合法行使。[1]信息公开在这个过程中扮演了非常重要的角色。

价格规制作为价格规制机构行使价格规制权的活动，对公众的生产生活产生重大影响，保证价格规制过程本身的公平、公正，以及价格规制的结果得到社会公众的认同，就需要加强价格规制中的信息公开。以价格听证为例，当前价格听证主要由政府主导，价格听证过程中的相关信息公开不到位，听证过程透明度不足，加之听证结果往往都是以涨价而告终，从而导致公众将价格听证会戏称为"涨价会"，严重影响了价格听证的权威性。因此，使价格听证更加公开透明，是提高价格听证公信力和权威性非常重要的举措。

《中华人民共和国政府信息公开条例》实施十几年来的实践表明，公众对于信息公开有着强烈的需求，尽管在这个过程中也存在滥用信息公开的情形[2]，但是整体而言，十几年来政府信息公开的实践极大地助推了政府依法行政公开，对于法治政府建设作出了重大贡献。回归价格规制领域，特别是涉及政府定价或者政府指导价的领域，做好信息公开工作尤为重要。因此，信息公开应当成为价格规制工作的核心，通过信息公开促进公用事业领域价格规制活动更加公开透明，提高价格决策的可接受性。

二、价格规制中信息公开的现状与不足

价格规制中的信息公开问题主要集中于政府定价和政府指导

---

〔1〕 章剑生：《现代行政法专题》，清华大学出版社2014年版，第103页。
〔2〕 耿宝建、周觅："政府信息公开领域起诉权的滥用和限制——兼谈陆红霞诉南通市发改委政府信息公开案的价值"，载《行政法学研究》2016年第3期。

价领域,在市场调节价领域,由于主要发挥市场的决定性作用,政府能够干涉的地方相对有限。政府定价和政府指导价中的价格规制,核心又在于广受关注的价格听证。在价格听证中,听证过程中信息的严重不对称始终是制约价格听证制度功能发挥的重要因素。价格听证就是各方代表利用其所掌握的信息围绕定价方案进行充分辩论的过程,因而信息的掌握是否全面、真实和对称就成为听证代表能否履行好职责的关键,也成为价格听证能否取得实际效果的决定性因素。[1]事实上,多年价格听证的实践表明,信息不对称已经成为听证参加人正常参与价格听证的重要障碍,这也是当前价格听证困境的重要原因。

在具体的价格听证中,至少包括行政机关、企业、消费者参加人、专家等多方主体。行政机关作为价格法律规范的起草者、制定者和实施者,加之享有特定的行政职权,在相关法律信息上占有优势。但是,他们对企业内部的成本和效益,对商品或服务等价格的形成过程所涉及的事实信息,却没有企业自身掌握得充分,因而在事实信息的掌握上,企业占有优势。受价格决策最直接影响的消费者,无论是在法律信息还是事实信息的掌握上,都明显处于劣势。此外,作为听证会特殊群体的专家,虽然具备特定领域的专业知识,但目前立法上关于企业事实信息公布的规定不足,也会在一定程度上造成其无法根据自身的专业知识就价格调整问题作出专业判断的尴尬。

在立法上,2002年的《政府价格决策听证办法》对听证中的信息问题只有零星规定。例如,第18条规定:"申请人应当对所提供材料的真实性负责。政府价格主管部门认为申请人提交的有关财务状况的说明材料需要评审的,可以指定具备资质条件的评

---

[1] 章志远:"价格听证困境的解决之道",载《法商研究》2005年第2期。

第五章　正当程序：公用事业价格规制的正当性与合法性保障

审机构对申请人的财务状况进行评审，由评审机构出具能证明材料真实性和合理性的评审报告。"第 22 条规定："政府价格主管部门……至少在举行听证会 10 日前将聘请书和听证材料送达听证会代表，并确认能够参会的代表人数……"这些粗糙的规定远不能解决价格听证过程中的信息不对称问题。而且，由与垄断行业经营者有着复杂关系的政府价格主管部门决定是否需要对申请材料进行评审，以及由谁进行评审，其本身的独立性、公正性就存疑，降低了评审报告的真实性和可信度。[1]2008 年的《政府制定价格听证办法》在总结多年价格听证实践基础上，对 2002 年《政府价格决策听证办法》进行了修改，将 2002 年《政府价格决策听证办法》第 18 条的规定删除了，从而导致价格听证信息不对称问题非但未能通过修法得以解决，反而面临更加严重的立法缺失问题。2018 年修改后的《政府制定价格听证办法》在该问题上也并未有所作为。

这种价格听证立法和实践中的信息不对称，引发了严重的危害：[2]

首先，消费者信息的分散性、不系统性以及参与听证的消费者人数的有限性决定了听证信息的不全面，导致即使价格决策经过听证程序，消费者也难以维护自己的权益。例如，2001 年，武汉市自来水公司以"成本加大、亏损严重"为由要求提高水价，市物价主管部门为此召开了听证会。市民从媒体处得到这一消息后，反应强烈，纷纷向《长江日报》去电去信，认为对污染的处

---

[1] 在 2004 年 7 月召开的广州市管道煤气价格听证会上，许多代表就对此次听证会的组织者——广州市物价局——指派其下属机构广州市成本调查大队对煤气公司申请材料进行成本核算的做法的公正性进行了质疑。

[2] 叶必丰："价格听证中的信息不对称及其解决思路"，载《上海交通大学学报（哲学社会科学版）》2004 年第 3 期。

理成本和亏损不能转嫁到居民身上,水费比上海等地还要贵,这完全是自来水公司经营不善的结果。[1]市民之所以反应如此强烈,主要原因是消费者信息未能得到集中和整合,进而难以有效传达。

其次,行政机关掌握的相关信息的有限性,本可通过消费者和经营者等在听证过程中的举证、质证、辩论等活动得以弥补,但是,由于消费者和经营者信息严重不对称,无法开展有效辩论,价格主管部门无法通过听证作出准确判断,而只能跟着"感觉走"。据报道,南京市曾先后对公园、液化气和公交收费的提价问题举行听证会。然而,经营者未能拿出准确的财务报表来证明其成本支出等经营情况,导致听证参加人无法判断是否应当提价,只能跟着"感觉走",使价格听证成为一场农贸市场中的讨价还价"闹剧"。[2]

最后,政府价格主管部门作为价格听证的组织者,理应保持中立,通过价格听证搜集各方意见,考虑各方利益主张,作出最后的价格决策。但是,由于行政机关和经营者各自拥有信息优势,彼此之间容易出现权力寻租现象,损害广大消费者权益。

总之,价格听证过程中各方主体信息的不对称,严重限制了参与价格听证的深度,影响价格听证制度功能发挥,最终损害价格听证的社会公信力。因此,未来价格听证制度的完善需要从解决信息不对称问题入手,保证听证参加人可以有效地参与价格听证。解决价格听证中的信息不对称问题,未来还需要借助信息公开制度。

---

[1] 王奔烟:"谁该为水污染出钱——读者对拟议中自来水费涨价的质疑",载《长江日报》2001年7月5日。

[2] 王文坚、吾宁生:"价格听证会焉能'凭感觉'",载《扬子晚报》2000年10月17日。

三、价格规制中信息公开的完善

面对价格听证中信息不对称的困境,未来应当通过运用信息公开制度,促进价格听证中各方主体信息公开,保障相关主体的知情权,从而保证相关主体能够真正参与价格听证。尽管从理论上讲,价格听证过程中的信息完全对称是不可能实现的,但通过合理的制度设计能够在很大程度上改变信息不对称,进而提高价格听证会的实际效果。具体的做法就是进一步科学、合理地配置价格听证各方主体的权利和义务,通过加重价格听证申请人的义务和价格主管部门的职责、赋予听证参加人更多的权利来扭转双方信息不对称的局面。[1]

(一)听证申请人:信息披露与专业帮助

作为听证申请人的垄断行业经营者或其主管部门,天然地具有强大的市场垄断力量,一旦提价申请最终获得批准,就意味着巨大的利润回报。对于广大消费者来说,提价则意味着支出的增加。因此,基于诚实信用的法理,处于信息劣势的消费者可以"合理地期待"处于信息优势的垄断行业经营者披露与其提价申请相关的所有信息。可见,立法上首先必须明确规定听证申请人负有信息披露的义务。信息的披露不仅仅是听证申请人针对听证的组织者所做的,还应当是针对广大消费者的。因此,一旦听证申请人向政府价格主管部门提交价格听证申请报告,就必须同时将申请报告中的所有与定价相关的信息尤其是申请方的经营成本核算报表向全社会公布,以便广大消费者尽早了解定价方案,从而运用这些有价值的基础性信息提出有针对性的反驳意见。

---

[1] 章志远:"价格听证困境的解决之道",载《法商研究》2005年第2期。

然而，就信息的广大受众——普通消费者——而言，由于他们大部分都不是懂行的专业人员，提供专业帮助应当成为听证申请人信息披露的一项附随义务。在以往的价格听证实践中，听证申请人所提供的信息不全、不清，又不及时进行解释、说明，使得听证参加人尤其是普通消费者参加人很难弄懂这些具有浓厚专业色彩的信息。在信息严重不对称的情况下，消费者参加人往往比较被动，根本无法提出有说服力的反对意见。笔者认为，为了充分保证听证参加人的知情权，切实改变听证过程中的信息不对称，应当将申请人的解释、说明义务提前到听证会举行之前。也就是说，一旦听证参加人正式产生，听证申请人就有义务利用其专业上的优势随时回应听证参加人提出的询问。

(二) 听证参加人：充分知情与平等表达

只有利益的实际拥有者才能够真正体会到利益受到侵害时的切肤之痛，因而利益必须由利益的拥有者自己主张。因此，我们完全可以假定，所有参加价格听证的人都是为了自己的切身利益而来。为了有效维护自身利益，真正对政府价格决策产生实质性影响，听证参加人必须尽可能多地占有信息，并享有在听证会上充分表达意见的机会。由此可见，立法上对听证参加人权利的配置应当围绕"充分知情"与"平等表达"展开。

充分知情是听证参加人践行职责的前提。在这里，有关各方包括听证申请人、价格主管部门以及其他相关部门都应当积极协助，保证听证参加人对听证事项有全方位的了解。在行使知情权的过程中，听证参加人有权查阅、摘抄、复制相关文件材料，有权要求相关各方对特定问题作出解释、说明，所有的机构都不能随意拒绝。需要指出的是，为了实现对消费者群体利益的特殊保护，立法上还应当赋予消费者参加人对评估机构的选择权，从而

第五章 正当程序：公用事业价格规制的正当性与合法性保障

确保其对定价方案的合理性作出科学判断。原因在于，即便听证申请人所提供的信息是真实全面的，普通消费者仍然无法对定价的必要性作出明确判断。解决这一问题的关键在于委托独立的审计部门对申请材料的合理性进行审查。当然，消费者参加人获取信息需要很高的成本，如调研费用、评审费用等。立法对此没有明确规定，实践中的做法也各不相同，例如，有的由行政机关承担，有的由听证申请人支付，还有的地方则由听证参加人自付。显然，理念的弘扬如果没有经济能力的支撑就很难转化为制度现实。对此，笔者的建议是，相关合理费用都应当由听证申请人承担。

听证参加人获取充分的信息之后，接下来的重要使命就是在听证会上"畅所欲言"。如果听证参加人没有机会发表意见或者不能充分地表达自己的观点，那么他们不仅不能实际地影响价格决策，就连其大量的准备工作也会变得毫无意义可言。在实践中，听证参加人要么是没有机会发言，要么是时间太短以致不能充分表达意见。以广东省春运公路客运价格听证会为例，由于是中央电视台现场直播，在3个小时的听证会上留给参加人发言的时间仅100分钟，而出席这次听证会的参加人却有31名，很多参加人都没有机会发言，有的虽然做了发言但仍然觉得没有说完，还有的消费者参加人的发言则被多次打断。由此可见，发言时间的安排不是一个纯粹技术性的程序设计问题，而是一个涉及价格听证制度正义能否实现的大问题。为此，立法上应明确规定听证参加人的平等表达权，即对每一位与会参加人的发言都要给予同等的尊重，即使有所限制，也应当一视同仁。

（三）听证组织者：惩罚机制与程序安排

作为听证组织者，价格主管部门是价格听证程序的指挥者和推动者。可以说，无论是听证申请人信息披露义务的履行，还是听证参加人平等表达权的行使，都离不开听证组织者的督促与保障。因此，应当围绕听证申请人义务的履行和听证参加人权利的行使增设听证组织者相关职权职责的规定，从而为价格听证过程中信息不对称的消弭提供进一步的制度保障。但是，立法并未对听证申请人不披露信息或信息披露不实规定明确的法律责任。因此，应当通过赋予听证组织者——政府价格主管部门——必要的行政处罚权（主要是一定数额的罚款权）来强化相关当事人的法律责任。

关于价格听证的程序，《政府制定价格听证办法》已经有了明显进步且基本符合现实需要。但是，笔者认为，对于一些对公众生活影响较大、内容较为复杂的听证事项，可以考虑适当延长相关程序性期限，从而赋予听证参加人更加充足的时间。

第三节 保障公众参与：完善价格听证

听证是指行政机关在作出影响相对人权益的行政决定时，就与该行政决定有关的事实及法律适用问题，提供申诉意见和提出证据的机会的程序。[1]作为一项法律制度，听证已有几百年的历史，并已经衍生出非常深厚的法理基础。西方有关听证的思想历史悠久。英国普通法中的自然公正原则一般被认为是西方听证制度最早的法理基础，美国正当法律程序原则进一步深化了听证制度的法理基础。大陆法系国家中的法治国理论，特别是依法行政

---

〔1〕 〔日〕室井力主编，吴微译：《日本现代行政法》，中国政法大学出版社1995年版，第178页。

第五章　正当程序：公用事业价格规制的正当性与合法性保障

理论，为听证制度直接提供了法理基础。[1]

一、听证制度在我国价格规制中的引入

价格听证制度是通过将听证运用于政府定价过程中而形成的一项制度。在过去计划经济体制下，由于实行单一的政府定价或政府指导价，价格的制定通常都是在企事业部门提出申请后由物价主管部门一家审批定夺，并不举行听证。随着改革开放和经济体制改革的推进，我国的价格改革也在不断进行，其总的趋势是政府不断放松对价格的管制。尤其在1992年我国明确了向市场经济转型的目标后，价格管制进一步放开，市场调节价的比重越来越大（1998年80%以上），政府定价和政府指导价的比重则逐渐降低（1998年20%以下）。[2]这样，相对于以往计划经济体制来说，虽然物价部门直接定价和指导定价的任务大大减轻、但是在加强价格宏观调控、切实提高价格决策和管理水平方面的职责加大。[3]在此情景下，孕育出了价格听证制度。从我国价格听证制度的发展历程来看，主要分为三个阶段：初步探索阶段、立法规范阶段、实际应用阶段。[4]

（一）初步探索阶段

该阶段是从1989年到1997年。此时是由各地自行探索开展

---

[1]　杨海坤："关于行政听证制度若干问题的研讨"，载《江苏社会科学》1998年第1期。

[2]　中国价格学会写作组："价格改革二十年"，载《价格理论与实践》1998年第12期。

[3]　彭宗超、薛澜："政策制定中的公众参与——以中国价格决策听证制度为例"，载《国家行政学院学报》2000年第5期。

[4]　尹少成：《价格听证制度研究——行政法与法经济学的双重视角》，中国政法大学出版社2017年版，第72—76页。

价格听证实践的阶段，并未形成相应的法律规范。

最早进行尝试的应属深圳市。深圳市价格听证制度最早可以追溯到1989年12月15日该市物价局正式成立的咨询委员会。据说这一价格咨询机构是在价格改革的实践中酝酿成型并最终产生的。当时，深圳的价格改革正面临重大转折：以破除传统计划经济条件下的价格机制为内容、以"放开"为手段的价格改革已基本完成，市场调节价的比重占到全社会商品零售额90%以上。因此，当时在企业和政府中都很流行"放开万岁"的思想，而深圳市物价工作者仍然保持清醒的头脑，既看到"放开"的积极效应，也发现了其消极效应，即价格秩序紊乱、物价总水平失控。对此，他们开始思考"放"与"管"的辩证关系，并开始尝试对已经放开的价格进行间接调控。例如，当时对"菜篮子"进行价格差率控制就是这样产生的。不过这时所强调的"管"如果与传统的管理方式一样，就很难得到企业及有关政府部门领导的理解和接受，因此必须进行制度创新。这样，深圳市物价部门既要加强管理，又要减少与其他部门的意见分歧及与生产经营者的直接摩擦，避免产生物价部门不愿放权，要当"绊脚石"的嫌疑。同时，物价部门本身工作的公开化和科学化也是形势发展的迫切需要，于是前述价格咨询委员会———一个具有广泛代表性的价格咨询审核机构———便应运而生。[1] 该咨询委员会有35名成员，实行聘任制，任期两年，其中有教授、企业经理、政府官员、居委会代表以及普通市民等。深圳市已经进行过诸如理发业、有线电视、医疗、教育、自来水、公共汽车、燃气等领域的重大价格决策听证，而且还时常在听证会举行之前就让公众参与讨论有关的

---

[1] 本段资料源自1998年深圳市物价局为配合宣传新价格法而写的一个内部工作报告：《深圳市价格听证制的回顾与前瞻》。

第五章　正当程序：公用事业价格规制的正当性与合法性保障

价格决策问题。[1]

其他地方也进行了类似的尝试，例如，1997年1月25日河北省邯郸市物价局举行了收费标准听证会[2]，湖北省当阳市于同年7月25日举行了自来水价格听证会[3]。当然，还有一些地方也进行了一些非严格意义上的听证制度尝试。例如，1998年以前江苏、福建、上海、北京等省市曾推行过"联合议审制"，物价部门邀请财税、审计、企事业单位主管部门等各相关部门共同商议有关政府定价和政府指导价的问题。该制度显然比原本仅由物价部门一家定价要进步得多，可以视为听证制度的初步尝试。但是该制度最大的不足是没有邀请社会各方相关利益主体的代表参加，即它并不具有广泛的代表性，并不是严格意义上的听证制度。[4]

上述以深圳为代表的各地方就重大价格决策进行的制度化的咨询或听证，都可以看作我国价格听证制度发展的初步探索。

（二）立法规范阶段

该阶段是从1997年底到2002年，主要以《价格法》的颁布和实施为标志。在此过程中，价格听证的相关法律法规不断完善，为价格听证制度的制度化和法律化奠定了坚实的基础。

1997年12月29日，第八届全国人大常委会第二十九次会议

---

〔1〕 李荣华："听证程序与行政决策民主化"，载《中国行政管理》1999年第8期。

〔2〕 尚英才："一次意义深远的探索——由邯郸市物价局试行'收费标准听证会'引起的思考"，载《价格理论与实践》1997年第5期。

〔3〕 李平、易金蓉："当阳市举行自来水价格听证会"，载《价格月刊》1997年第10期。

〔4〕 彭宗超、薛澜："政策制定中的公众参与——以中国价格决策听证制度为例"，载《国家行政学院学报》2000年第5期。

通过了《价格法》,并于1998年5月1日起施行。该法第23条规定:"制定关系群众切身利益的公用事业价格、公益性服务价格、自然垄断经营的商品价格等政府指导价、政府定价,应当建立听证会制度,由政府价格主管部门主持,征求消费者、经营者和有关方面的意见,论证其必要性、可行性。"《价格法》首次从立法层面对价格听证予以规范化与制度化,标志着我国价格听证制度正式建立,具有非常重要的意义。

《价格法》的相关规定使得价格听证制度有了总的指导思想和基本的制度规范,但是具体应当如何实施,则需要制定专门的听证规则。2001年,《政府价格决策听证暂行办法》应运而生,进一步规范了政府价格决策听证行为,但该办法仅施行了一年多。2002年12月1日,《政府价格决策听证办法》正式实施,《政府价格决策听证暂行办法》同时废止。《政府价格决策听证办法》充分吸收了《政府价格决策听证暂行办法》实施中的经验教训,对其进一步予以完善。与此同时,2001年国家发展改革委还发布了《国家计委价格听证目录》。二者共同构成了我国价格听证体系具体实施的操作性规章体系。同时,各地人民政府也根据《价格法》和《政府价格决策听证办法》制定了与之相适应的下位法,完善了价格听证会的法制建设。

(三) 实际应用阶段

该阶段以2002年的铁路票价听证会为分界点,意味着在公共物品价格管理领域,价格听证已经进入实际操作阶段。当然,这并不意味着在2002年之前,价格听证没有实际开展过,而是因为2002年的铁路票价听证会是《价格法》《政府价格决策听证办法》等法律法规实施以来,首次在全国范围内进行的价格听证实践,引起了社会各界的广泛关注。根据原国家计划委员会的统

第五章 正当程序：公用事业价格规制的正当性与合法性保障

计，截至 2001 年底，全国已召开近千次听证会，其中意义较大的有六七十次。但根据统计，这六七十次的听证会主要体现在立法领域，如广东省人大常委会于 1999 年 9 月 9 日召开的《广东省建设工程招标投标管理条例（修订草案）》立法听证会、武汉市人大常委会于 2000 年 5 月 31 日举行的为修改《武汉市专利管理条例（草案）》进行的立法听证会等，而在价格领域的听证会较少。

2002 年 1 月 12 日，由国家计划委员会举行的"部分旅客列车票价实行政府指导价方案"听证会（即上文所提"铁路票价听证会"）在价格听证上留下了浓墨重彩的一笔。这是自 2001 年 7 月国家发展改革委发布《政府价格决策听证暂行办法》之后，首次采取电视直播的方式公开举行的全国性价格听证会，其影响力是不言而喻的。在此价格听证会以后，听证可以说是真正迈入了公共产品的价格领域。2003 年 7 月召开的民航票价听证会、2005 年 9 月召开的个人所得税标准改变听证会以及 2006 年 4 月召开的北京出租车提价听证会都为价格听证的不断完善进行了实践的努力，表明了中国的价格听证在社会管理领域起着越来越重要的作用。

需要说明的是，在这三个阶段里面主要选取的时间节点是《价格法》的颁布与铁路票价听证会的举行。选择这样的分段方式是因为：《价格法》的颁布开创了我国公共决策领域引入听证程序的先河，使"听证"逐渐成为我国的法治实践，标志着我国听证制度建设迈出了重要的一步；[1] 铁路票价听证会的举行是自价格听证规范化与制度化以来，首次采用电视直播的方式公开举

---

[1] 王文娟、宁小花：《听证制度与听证会》，中国人事出版社 2011 年版，第 13 页。

行的全国性价格听证会,堪称当时动作最大、最具影响力、最能体现我国价格听证实践水平的一次尝试,并具有承上启下的重大作用,这也标志着我国价格听证实践迈出了一大步。

二、我国公用事业价格听证面临的主要问题

价格听证是将听证制度运用于政府定价过程所形成的一项法律制度。作为行政听证的重要表现形式,价格听证在我国当前价格决策中有举足轻重的作用。作为现代法治国家所公认的法律制度,行政听证制度在法治进程中同样起着极其重要的作用。1996年颁布的《行政处罚法》首次以立法的形式规定了听证程序,标志着行政听证制度在我国的初步确立。1998年实施的《价格法》正式确立了价格听证制度,从而开启了我国价格听证的历史征程。近20多年来,从中央到地方,价格听证会数以万计,备受社会各界瞩目,而其社会效果也经历了从最初备受追捧到如今饱受质疑的"滑铁卢"。[1]

在实践中,对各种"涨价会""走秀会"的质疑此起彼伏,听证会专业户[2]、听证会"零报名"[3]、"快闪"听证会[4]等各种乱象丛生,显示出价格听证正面临着前所未有的困境和危机。通过对我国价格听证制度立法和实践的考察,可以发现,目前我国价格听证制度仍然存在诸多亟待解决的问题,这些问题制约着价格听证制度功能的发挥。

---

[1] 尹少成:《价格听证制度研究——行政法与法经济学的双重视角》,中国政法大学出版社2017年版,第1页。

[2] "成都'听证专业户'胡丽天",载《南风窗》2011年第16期。

[3] 胡仙芝:"'听证会'如何才能在中国扎根:听证乱象与公众参与危机",载《人民论坛》2013年第15期。

[4] "'快闪'听证会不如不要",载《法制日报》2015年9月6日,第2版。

第五章　正当程序：公用事业价格规制的正当性与合法性保障

（一）价格听证定位不够明确：听取意见会或价格决策会？

所谓价格听证的定位，是指价格听证在政府价格决策中的地位和作用。价格听证仅仅是政府价格决策的参考，还是直接决定政府价格决策的制定？价格听证的定位对于价格听证制度具有重要意义。价格听证定位不明确或不合理是现行价格听证制度存在诸多问题的重要原因之一。

1. 部分公众仍误将价格听证会视为价格决策会

虽然根据《政府制定价格听证办法》的规定，价格听证会仅仅是征求经营者、消费者和有关方面的意见，对制定价格的必要性、可行性、合理性进行论证，并非价格决策会，但是，在我国，仍然有不少人将价格听证会视为价格决策会，对价格听证会寄予过高的期望，试图通过价格听证来影响政府价格决策，实现自我利益诉求。这种观念上的误区带来了两个方面的问题：①容易引发对价格听证结果甚至制度本身的不满；②给政府的价格听证工作带来无形的压力，致使政府无法站在更加平和、理性的立场看待价格听证中的反对意见。

2. 政府过分主导强化了公众将听证会误读为决策会的认知

听证的本质是"听取对方意见"。行政机关有听取意见的义务，相对人则享有陈述意见的权利。我国首次引入听证制度的《行政处罚法》也明确规定了相对人的听证权。既然陈述意见是公民的一项重要程序权利，那么价格听证立法就应当从权利的主体、内容及其行使等方面进行规范。然而，我国《价格法》和《政府制定价格听证办法》完全以各级价格主管部门如何组织听证会为中心，而非从如何保证公众行使听证权来进行立法，体现出浓厚的管理法、组织法色彩。行政机关的大包大揽，既导致了听证成本的居高不下，又耗损公众的自主参与感，使公众对听证会的效果持怀疑态度,影响价格听证的社会公信力。[1]

3. 价格听证的"程序颠倒"引发"作秀"质疑

实践中价格调整的动议通常是因政府的某项决策而开启,这本无疑问,但问题在于,通常政府在决定价格调整的同时,亦基本确定了是否调整价格以及调整幅度,然后再开启价格听证。这实质上是将价格听证仅仅作为一项无实质意义的程序,甚至只是走个"过场",因而受到公众的责难。正是因为政府在正式听证前已经基本确定是否调价及其幅度,整个听证会的组织工作将围绕该目标进行,听证参加人、发言顺序、新闻媒体等都在一定程度上受行政机关控制,最后的听证会成"涨价会"也就不足为奇了。事实上,根据价格听证制度设立的本意,是否调价以及调价幅度应该是在价格听证中充分听取各方意见后,综合考虑各种因素的结果。当前价格听证的"程序颠倒"是使其在某种意义上成为"作秀""走过场"的重要原因。

价格听证作为一项听取社会公众意见的程序,是否一定需要举行正式的、成本高昂的听证会,实质上也是一个值得思考的问题。如果有更加丰富的、多元的形式,似乎可以以一种更加高效、低成本且弱化社会矛盾的方式达成听取社会公众意见的目标。正式的价格听证虽然往往极具社会吸引力,能够成为社会各界关注的焦点问题,但容易引发社会质疑和社会矛盾。

(二)听证主持人独立性、中立性不足

听证主持人是负责听证活动组织工作的调节和控制,使听证活动按照法定程序合法完成的工作人员。[2]听证主持人是听证程

---

[1] 王万华:"我国政府价格决策听证制度缺陷分析",载《上海政法学院学报》2005年第4期。

[2] 杨惠基主编:《听证程序理论与实务》,上海人民出版社1997年版,第80页。

第五章　正当程序：公用事业价格规制的正当性与合法性保障

序中必不可缺的核心人物，负责组织、引导、控制听证会按法定程序进行。因此，价格听证会的质量很大程度上取决于听证主持人。但我国立法关于听证主持人的规定非常简单，导致实践中问题突出。

1. 听证主持人选任制度规定不明确

关于听证主持人的选任，《价格法》仅规定听证会由政府价格主管部门主持。《政府制定价格听证办法》第8条第2款虽然规定听证主持人由听证人中的政府价格主管部门的工作人员兼任，却没有明确规定具体的选任方式和资格条件。

2. 听证主持人的职权职责规定缺失

从我国现行规定来看，在行政处罚听证和行政许可听证方面对听证主持人的职责和职权都作了规定，相关规定虽简单但明确。可是，对于价格听证中听证主持人的职权职责，《价格法》和《政府制定价格听证办法》均未涉及，仅在部分省市的价格听证实施细则中略有涉及。

3. 听证主持人相关保障机制不充分

听证主持人的独立性离不开相关保障机制。我国在《行政许可法》第48条和《行政处罚法》第64条中对听证主持人的制度保障都作了相应规定，具体体现在回避制度上。然而，没有任何规定涉及与百姓生活和社会经济密切相关的价格听证的主持人的独立性，这着实令人费解。从其他国家和地区的经验来看，以"职能分离""回避制度"为代表的听证主持人独立性保障机制的缺失，直接导致我国价格听证中主持人的独立性不足，影响价格听证的实际效果及其社会公信力。

（三）听证参加人遴选机制不科学

价格听证是指定价机关在依法制定或调整政府指导价或政府

定价过程中，由政府价格主管部门采取听证会形式，征求经营者、消费者和有关方面（听证参加人）的意见，对制定价格的必要性、可行性进行论证的活动。因此，听证参加人将对价格听证产生重要影响。何人有资格参加价格听证？以何种方式产生听证参加人？这些问题都将决定听证参加人的质量，进而影响价格听证的质量。归根结底，这是一个关于听证参加人遴选机制的问题。但是，我国当前的价格听证参加人遴选机制仍存在诸多问题。

1. 政府观念上的保守：过分专注于听证会的可控性

当前，我国正处于社会转型期，各种社会矛盾较为突出与集中，这给政府管理工作带来了巨大压力，致使其观念日趋保守，在制度改革与创新过程中更加追求稳定性与可控性。价格听证中消费者参加人遴选制度即存在该问题，政府一味注重消费者参加人的可控性，从而在遴选方式、遴选程序上采取更加保守的做法。比较典型的体现是，在全国很多城市已经开始尝试消费者参加人自愿报名、随机选取的背景下，北京市仍然坚持通过组织推荐的方式产生消费者参加人。虽然具体组织推荐工作委托给北京市消费者协会，但消费者协会由于在财政、人事等方面受制于政府，实际上仍然是政府的"代言人"。换言之，由消费者协会推荐的消费者参加人实际上是通过政府"认证"的参加人，或者说无论是否如此，至少会给社会公众留下此种印象。

政府观念上的保守还体现在其无法理性看待价格听证中的反对意见。实际上，价格听证作为一个听取各方意见的过程，应当乐于听到反对的声音，这样才能更好地弥补现行价格方案可能存在的不足。实践中，价格听证会往往都是一片和谐，极少听到明确反对涨价的声音。笔者对近年来北京市较受关注的十次价格听

第五章 正当程序：公用事业价格规制的正当性与合法性保障

证会的反对情况进行了统计，结果表明：其中五次反对意见为 0，三次反对意见不到 10%，只有两次出现了较多的反对意见。该数据并不能表明整个社会公众对价格听证方案的高度认可，相反，从事后公众对听证涨价结果的不满中不难看出，此种结果并不能真实反映民意。这与政府为保障听证会秩序，对听证会进行有效控制有着密切关联。

北京市十次价格听证会中反对意见统计情况

时间	听证会	参加人数	赞同人数	反对人数
2014 年	公共交通价格调整听证会	25	25	0
2014 年	居民用水价格调整听证会	25	25	0
2013 年	出租汽车租价调整听证会	25	23	2
2012 年	居民生活用电试行阶梯电价听证会[1]	25	24	0
2010 年	居民天然气价格调整听证会	25	23	2
2009 年	居民水价调整听证会	25	23	2
2006 年	居民天然气价格调整听证会	30	26	4
2006 年	出租汽车租价调整听证会	25	16	9
2004 年	居民阶梯水价听证会	25	25	0
2004 年	故宫等世界文化遗产门票价格听证会	21	21	0

---

〔1〕 需要说明的是，本次听证会中 25 名参加人，24 名同意涨价，其中 1 名没有选择，故赞同与反对人数之和与总人数不相符。

2. 听证参加人的遴选方式不合理

听证参加人的遴选方式是指通过何种方式产生听证参加人。因为听证参加人在价格听证中扮演着重要角色，所以听证参加人的遴选方式将直接决定听证参加人的质量。我国立法上规定了两种遴选方式：一是"自下而上"的自愿报名、随机选取方式；二是"自上而下"的组织推荐或聘请方式。从当前各地价格听证实践来看，有部分地区已经开始实行消费者参加人自愿报名、随机选取方式，而其他听证参加人统一采取组织推荐或聘请方式。这种"自上而下"的组织推荐方式，致使实际选出的听证参加人往往与价格主管部门或者推荐组织有着千丝万缕的关联，这可能会影响听证参加人独立发表意见。而且，即使听证参加人能独立发表意见，也难以避免社会公众的猜疑，从而影响价格听证的社会公信力。因此，当前价格听证主要采取"自上而下"的组织推荐方式不利于保证听证参加人遴选的公平、公正，影响了价格听证的社会公信力。

3. 听证参加人遴选程序公开性、透明度不足

听证参加人遴选程序的公开性、透明度与遴选方式有着密切联系，科学、合理的遴选方式是程序公开、透明的保障。反之，若遴选方式本身都不科学、不合理，更遑论遴选程序的公开、透明。这正是当前我国价格听证中所面临的连环困境。当前在我国听证参加人遴选机制中，自愿报名、随机选取方式尚能较好地保证遴选程序的公开、透明，而组织推荐方式的公开性、透明度明显不足。后者目前仍然是听证参加人的主要甚至唯一的产生方式，这也就决定了听证参加人遴选程序的公开性、透明度在我国尚不理想。由于推荐者本身的官方或半官方色彩，其推荐的听证参加人难以让公众信服，而听证参加人事实上也常常坚持与价格

第五章 正当程序：公用事业价格规制的正当性与合法性保障

主管部门高度一致的立场。可见，听证参加人遴选程序具有非常重要的作用，只有保证遴选程序的公开、透明，才能使当选的听证参加人被公众信服。

4. 听证参加人比例缺乏明确规定

根据《政府制定价格听证办法》的规定，除了消费者参加人的比例有下限规定，其他听证参加人的比例并无明确规定，而是授权政府价格主管部门根据听证项目的实际情况确定。这种将听证参加人的人数和人员构成比例授权给政府价格主管部门根据实际确定的做法，一方面增加了政府价格主管部门的工作压力，另一方面给予了社会公众质疑听证参加人构成、比例等的理由。因此，立法上有必要对听证参加人的比例予以细化，特别是应当提高相关领域专家学者的比例，降低人大代表、政协委员的比例。

(四) 听证会程序设计存在缺陷

1. 价格听证的启动主体单一

目前的规定明显限制了公民参与听证的权利，导致价格听证的启动主体单一。实践中，价格听证的启动完全由政府说了算，容易导致权力滥用，打击公众参与价格听证的积极性。这种价格听证启动主体单一的现状在一定程度上制约了价格听证制度功能的发挥。

2. 缺少预听证会制度

预听证会是指在正式听证会召开之前，政府价格主管部门依职权或依利害关系人的要求，就价格听证的有关问题进行协商。在我国，立法中并无有关预听证会的规定，但是，根据笔者与消费者参加人的访谈，在价格听证实践中，正式价格听证会召开前，政府价格主管部门通常会举行两次左右的沟通会。此沟通会实际上类似于美国的预听证会，但是，此沟通会在某种意义上是政府为加强对听证会的"主导"而设计的，因而与美国的预听证会制度有着本质的区别，而且参加沟通会的主要是消费者参加人。因此，从提高正式听证会的质量和充分发挥价格听证功能角度出发，我国应当在立法层面建立预听证会制度。

3. 正式听证程序与非正式听证程序区分不明

实践中，价格听证中正式听证程序的大量适用，给政府价格主管部门带来了较大的压力，甚至在一定程度上导致政府无法正确认识价格听证，对价格听证施加过多干预，影响社会公众对价格听证的评价。同时，正式听证程序本身带来的人、财、物等方面的巨大消耗，也不符合听证经济和效率的要求。鉴于此，我国应当区分正式听证程序和非正式听证程序，明确价格听证中正式听证程序的适用范围，减少正式听证程序的运用。

4. 再听证制度形同虚设

再听证是指行政机关在听证结束后，行政决定作出前，认为必要时，重新举行听证的制度。该制度在英、美、日、韩等国的立法或实践中都有规定。在我国，2002年修订的《政府价格决策听证办法》第25条第2款规定："听证会代表多数不同意定价方案或者对定价方案有较大分歧时，价格决策部门应当协调申请人调整方案，必要时由政府价格主管部门再次组织听证。"因而，我国立法上是明确规定了再听证制度的。2008年修订的《政府制定价格听证办法》第26条第2款和2018年修改的《政府制定价格听证办法》第28条第2款重申了再听证制度。但是，我国立法规定非常简单，缺乏可操作性，这就导致了实践中我国极少进行再听证活动，使得再听证制度形同虚设。

（五）听证笔录的效力不明确

听证笔录，即行政听证记录，是指由听证主持人或记录人代

第五章　正当程序：公用事业价格规制的正当性与合法性保障

表行政机关在正式听证过程中对整个听证活动所做的客观记载，是确定行政机关是否听取了当事人的陈述与申辩的凭据。[1]听证笔录作为听证过程的客观记录，其法律效力是听证制度的核心问题，许多国家的行政程序法都对其作出了规定，概括起来，主要有两种模式：①听证笔录是行政决定的参照，亦即行政机关在作出行政决定时，应参照、斟酌听证笔录的内容，但无须以听证笔录为根据。德国、日本、韩国采取此种模式。②听证笔录是行政决定的唯一根据，即行政机关作出行政决定必须以听证笔录为依据。该种模式以美国为代表。

回归价格听证，我国在立法上首次确立价格听证的《价格法》，仅粗略规定了价格听证适用范围，对价格听证笔录只字未提，更遑论价格听证笔录的效力问题。事实上，无论是《价格法》还是《政府制定价格听证办法》，都认为价格听证仅仅是一个听取意见的过程。从某种意义上说，听证笔录效力不明确在很大程度上消解了价格听证制度的功能及公信力。

（六）听证后的意见回应和救济机制缺失

听证后的意见回应和救济机制是保障价格听证制度功能的重要配套机制，前者对于保证听证程序的公开、透明和制约行政权行使等意义重大，后者对于保障利害关系人的合法权益不可或缺。如果该两种配套机制缺失或明显不足，就会在很大程度上使价格听证制度的功能大打折扣。

1. 意见回应机制的*虚置*

价格听证后的意见回应机制是指行政机关在价格听证后作出价格决策时，应当将价格听证中所搜集到的意见及其采纳情况及

---

[1]　石佑启："行政听证笔录的法律效力分析"，载《法学》2004年第4期。

时向社会公布,并说明采纳与否的原因和理由,亦称行政决定说明理由制度。立法上,1997年颁布的《价格法》首次规定价格听证制度,但对如何开展价格听证以及价格听证后的意见回应并无规定。实践中,无论是中央还是地方价格听证,都很少对价格听证中所提出的主要问题予以回应,价格听证中的意见是否采纳及其理由几乎无回应。

2. 救济机制的不足

无论价格听证的结果如何,都将对民众产生重大影响。实践表明,涨价往往成为价格听证的最终结果。因此,当听证参加人或其他利害关系人对价格听证后的最终定价方案不服时,能否提起行政复议或行政诉讼,将实质性地影响民众的合法权益。然而立法上对此并无明确规定,并且在价格听证实践中也极少发生类似案例。其中至少有以下几个问题需要解决:①政府的最终调价行为到底是抽象行政行为还是具体行政行为?这是该行为是否可诉的重要前提。②谁有权提起行政复议或诉讼?其中的"利害关系人"应当如何界定?③如果法院可以受理,那么其审查强度如何?可以作出何种性质的判决?

三、我国公用事业价格听证的完善建议

通过上述对我国价格听证中面临的主要问题的阐述,结合我国实际国情和国外的经验,笔者认为,可以从以下几个方面入手完善我国价格听证制度。[1]

---

[1] 尹少成:《价格听证制度研究——行政法与法经济学的双重视角》,中国政法大学出版社2017年版,第150—176页。

第五章　正当程序：公用事业价格规制的正当性与合法性保障

（一）重新阐释价格听证的性质和定位

如前所述，虽然立法上已经明确价格听证仅仅是听取意见的过程，而非进行价格决策，但是实践中仍然有部分公众对此存有误解，这种对价格听证性质和定位上的误解在某种意义上成为价格听证制度诸多问题存在的根源。因此，必须从理论和立法两个层面重新阐释价格听证会的性质和定位。

1. 重新定位价格听证：听取意见而非价格决策

一方面，通过科学有效宣传，让公众能够真正理解和接受这一观点，并在实际的价格听证中重新认识价格听证的作用与意义，以一种更加理性的立场来看待价格听证，从而不因对价格听证寄予过高期待而过度失望，甚至引发对价格听证及至政府决策的不满和怨恨。另一方面，应当进一步提高价格听证的公开性和透明度，以一种更加开放的姿态欢迎社会各界对价格听证的关注、报道和监督。同时，应增加价格听证旁听人员的数量，让更多关心价格听证的消费者可以实地体验价格听证，提高对价格听证的认识。

2. 逐步减少政府主导，积极引导公众参与价格听证

政府在价格听证中不应当对听证参加人的选择、听证会观点的充分表达等方面进行过多干涉，以保证听证参加人的公开选拔及其观点的充分自由表达。此外，还需减少政府对价格听证会的主导，改变政府大包大揽的现状，减轻经费负担和听证组织压力。比如，价格听证的相关费用不应完全由政府买单，而应当由提请调整价格的企业承担。总之，政府应当具有一定的改革创新精神与勇气，革新观念，适度放松对价格听证的主导，积极引导公众参与价格听证。在消费者参加人遴选方式、遴选程序等方面，应增加公开性与透明度，让公众重新认识价格听证的作用，增强政府在价格听证中的社会公信力。

3. 改革"先决策、再听证"的"程序颠倒"做法

当前价格听证实践中"先决策、再听证"的"潜规则",在很大程度上导致价格听证制度被扭曲,这也是价格听证会被质疑为"走秀会""涨价会"的重要原因。因此,必须从根本上改变此种政府决策思维和做法。具体而言,价格调整动议通常应当由作为经营者的企业提出,政府在初步审核的基础上组织召开听证会。特殊情况下也可以由政府提出,但政府在提出价格调整动议时不应同时确定或基本确定价格是否调整以及调整的幅度,然后举行听证会,因为此种程序设置将导致价格听证最终沦落为"走过场"。笔者建议的价格听证程序应该是"价格调整动议—价格听证—价格决策"。价格是否调整,应当是在广泛听取各方意见后作出的政府决策。

(二) 增强听证主持人的中立性、独立性

1. 明确和规范听证主持人的选任资格

从听证主持人选任角度而言,应当做好以下两个方面工作:①建立职业化、专业化的听证主持人队伍。职业化、专业化听证主持人是世界各国的通行做法,有利于提高听证主持人的专业水平,保障听证会质量。结合我国实际,较为可取的选择是,以各级政府法制机构为依托,将其工作人员打造成专门的听证主持人,这是因为政府法制机构的公务员多年从事行政复议等法律工作,法律水平和业务素质较高,且相对于其他行政机关工作人员,独立性也相对较强。②建立听证主持人资格考试制度。通过资格考试确定听证主持人亦是世界各国通行做法。统一的资格考试有利于提升听证主持人的整体素质,具体可以从思想品德、业务素质、法律知识、综合能力等方面进行考察。通过资格考试的人员,还需通过专门的听证主持人培训,然后才能上岗。

2. 明确听证主持人的职责和权限

要想保证听证程序公开、公正，就必须赋予主持人指挥听证程序的权力。有学者提出应当从听证之前、听证之中和听证之后三个阶段来分别设计听证主持人的职责权限。[1]结合我国现行规定和各地实践经验，笔者认为，听证主持人的职责权限应包括下列几点：①宣布听证会事项和听证会纪律；②介绍听证参加人、听证人；③按照法定的程序主持听证会；④对听证参加人员的发言、陈述、质询、辩论进行审查和裁决；⑤在辩论阶段进行适当协调和引导，促使各方充分表达意见；⑥必要时可限定听证参加人的发言时间，但应一视同仁，不偏倚任何一方；⑦采取必要的措施，维持听证会秩序，处理突发情况；⑧总结发言；⑨因特殊的原因可以实行听证延期和听证中止；⑩在听证笔录的基础上制作听证报告。

3. 健全听证主持人的制度保障

只有健全的配套制度才能保障听证主持人的独立地位，体现听证制度的公正理念。西方国家在制度保障方面已经发展出一套比较成熟的做法。在此，笔者在借鉴西方先进经验的基础上，提出完善我国听证主持人制度的以下设想：①确立职能分离制度；②完善回避制度；③确立禁止单方接触制度。

（三）完善听证参加人的遴选机制

1. 改革听证参加人的遴选方式

比较而言，面对当前价格听证制度所面临的诸多困境，我们可以较为清晰地看到，当前组织推荐方式的弊端已经显现无疑。虽然自愿报名、随机选取方式也可能存在各种问题，但是比较而

---

[1] 杨惠基："试论听证主持人"，载《行政法学研究》1998 年第 2 期。

言，其优势明显大于弊端。因此，现行"自上而下"的组织推荐方式应当向"自下而上"的自愿报名、随机选取方式转型。具体而言：①消费者参加人、经营者以及与定价听证项目有关的其他利益相关方原则上应当采取自愿报名、随机选取方式，只有当该种方式难以选取合适的听证参加人时，方能采取组织推荐方式[1]。②专家、学者、人大代表以及政协委员原则上也应当采取自愿报名、随机选取方式。价格主管部门可以事先明确规定专家、学者、人大代表、政协委员的专业、行业等条件。只有当报名人数不足时，才能采取组织推荐的方式。③其他听证参加人可以采取组织推荐方式。

2. 增强遴选程序的公开性、透明度

首先，组织推荐方式运行程序的公开性、透明度不足问题更加突出。笔者建议，就组织推荐方式制定一套规范流程并向社会公布，从而消除组织推荐方式的神秘性和可能存在的"暗箱操作"质疑，将组织推荐中的"潜规则"转化为"明规则"，并实现规范化和法治化。

其次，自愿报名、随机选取的方式本身具有较强的公开性与透明度，上海、江苏、重庆、成都、安徽等地的实践也已经充分证明了这一点，但是，此种方式在实际运行过程中也暴露出了一些问题，比如2011年成都"听证专业户"胡丽天。[2]解决思路是：一方面，应通过加强宣传、提高补助金额等方式进一步提高

---

[1] 通过对南京、上海两地的调研，笔者发现，价格听证中消费者参加人遴选方式的选择必须充分考虑本地的实际情况，而不能一味追求"时髦"。理论上更"先进"的做法，不一定符合本地的实际需要，南京价格听证中消费者参加人遴选方式的反复即典型案例。因此，笔者认为，改革初期选择两种遴选方式相结合的做法，是较为科学的。

[2] "成都'听证专业户'胡丽天"，载《南风窗》2011年第16期。

公众参与价格听证的积极性，增加"摇号"或"抽签"的基数，降低同一消费者多次被选中参加听证会的概率；另一方面，各地应当根据本地实际情况，结合本地公众参与的热情程度，合理分配随机选取方式的名额，实行自愿报名、随机选取和组织推荐两种方式相结合的模式。同时，政府还应当以一种更加开放的姿态，邀请更多的旁听者、新闻媒体参与消费者参加人的产生过程和价格听证会，主动接受公众、新闻媒体等的监督。

3. 明确听证参加人的比例

合理确定听证参加人的比例，可以更好地实现广泛听取社会各方意见的目标。当前立法除对消费者参加人有下限规定外，对其他参加人的比例无任何规定，这不利于听证会质量的提高，因此应予完善。

首先，在保证消费者参加人比例不下降的前提下，可以调整其他听证参加人的人数并明确其比例。其次，降低听证参加人中人大代表、政协委员的比例。原因是，他们因事务繁忙未必有充足的时间和精力参与价格听证，同时，囿于当前特殊的政治环境，人大代表或政协委员投反对票的压力较大、可能性较小。最后，提高专家、学者的比例。转型期的中国，虽然也面临专家沦为"砖家"的尴尬，[1]但相对而言，专家、学者的社会公信力较高，如果在遴选机制上能再加以完善，就可以进一步提升其社会公信力。

（四）改革价格听证的程序——成本收益分析方法的运用

1. 实现价格听证启动主体多元化

公众可以通过消费者组织或者社会团体向政府价格主管部门

---

[1] 周理松："专家何以沦为'砖家'"，载《检察日报》2015年8月12日，第7版。

提出听证申请。当然，鉴于正式听证将耗费巨大的人力、财力、物力，对于公众或社会团体提出的价格听证申请，并不要求全部采取正式听证程序。在美国"公众既有权申请召开价格听证会，也有权要求其他形式的听证，并且听证会程序以外的其他非正式听证程序还往往成为听证程序的主流，起到正式的听证会所起不到的参事和博弈作用。"[1]因此，未来在实现价格听证启动主体多元化的同时，还应明确正式听证程序的适用范围，扩大非正式听证程序的适用范围，通过更多运用成本收益分析的方法来更好地设计价格听证程序。

2. 建立规范的预听证会制度

具体而言，应当将预听证会作为正式听证前的一个必经程序。预听证会的主要内容有：①对正式听证的流程、纪律、注意事项、发言时间等进行介绍；②对是否调价争议问题及其相关证据进行归纳；③由听证申请人就调价的事实和理由，回答其他听证参加人的提问。但是，笔者认为，预听证会不应要求听证参加人必须表明自己的立场，即赞同或反对涨价，而应仅就正式听证中的有关程序和实体争议问题进行协商和交流，以提高正式听证的质量和效率。当前我国实践中的预听证会实质上就是对消费者参加人所持观点进行摸底，并在此基础上对持反对意见的消费者参加人开展"思想工作"。这种做法显然与预听证会制度甚至正式听证背道而驰，也是未来建立预听证会制度时必须防止和警惕的。

3. 明确正式听证和非正式听证的适用范围和程序

首先，在听证形式上，借鉴美国做法，扩大非正式听证的适

---

[1] 谭波、李晓沛："论《政府制定价格听证办法》的缺陷与完善"，载《昆明理工大学学报（社会科学版）》2009年第4期。

第五章 正当程序：公用事业价格规制的正当性与合法性保障

用范围。选择何种听证形式是听证程序中的一个重要问题，其确定必须同时兼顾当事人和行政机关双方的利益。其次，应当在明确二者适用范围的基础上进一步规范正式听证的程序。同时，对于非正式听证的程序也应当有明确规定。区分正式听证和非正式听证也是成本收益分析的要求。正式听证无疑将耗费更多的人力、物力、财力甚至政府公信力等资源，却不一定能收到良好效果，相反，有时非正式听证或许能收到更好的社会效果。此外，在确定正式听证和非正式听证范围时，也应当注意运用成本收益分析的方法。

4. 重新认识和建构再听证制度

不应将再听证视为对原听证的否定，而是基于程序上或实体上的原因，为了更好地发挥价格听证制度的作用，就特定事项再次召开价格听证。在此基础上，立法应当对再听证的提起、理由、程序、主体、内容等作出详细规定。

具体而言，再听证应当由利害关系人提出，即当利害关系人对行政机关的初步裁决有异议时，可以提出再听证的申请。当然，提起再听证应当有法定理由。此外，关于再听证的形式，主要存在以下需要考虑的问题：①再听证是否都需要组织公开听证？②再听证是否都应采取正式听证形式？③再听证是否仅针对存有争议的部分？笔者认为，应从区分轻重缓急、缩短听证周期、提高听证效率的角度出发，首次听证采取正式听证形式的，再听证可以考虑采取召集当事人会谈等非正式听证形式。如此，既可以弥补原听证所存在的不足，又能较好地降低听证成本，提高听证效率。

（五）明确听证笔录的法律效力：引入案卷排他原则

听证笔录的法律效力将直接决定价格听证的实际效果。从之前的经验可以看出，造成价格听证流于形式的罪魁祸首就是听证笔录法律效力的不明确。因此，必须从根本上解决听证笔录的效力问题。我国应当在借鉴国外做法的基础上，确立案卷排他原则。所谓案卷排他原则，是指行政机关的裁决只能以案卷作为根据，而不能在案卷以外，以当事人所未知悉和未论证的事实作为根据。[1] 笔者建议将《政府制定价格听证办法》第28条第1款所规定的"定价机关作出定价决定时应当充分考虑听证会的意见"修改为"定价机关作出定价决定时应当以听证笔录所记载的意见为主要依据"。之所以仅将听证笔录作为价格听证的主要依据而非唯一依据，主要是考虑到中国的现实国情。当前我国立法仅将价格听证会视为听取意见的过程，如果直接将其修改为价格决策会，不仅行政机关无法接受，听证参加人也未必有能力胜任。因此，即便引入案卷排他原则，可能亦需要一个过渡期，否则可能会引起价格决策的混乱，毕竟价格问题关系到国计民生。

（六）完善价格听证后的意见回应和救济机制

1. 改变立法中意见回应虚置的现状

当前价格听证的意见回应虚置的原因主要在于：①法律规定过于笼统且缺乏相应的法律后果条款；②价格决策部门对意见回应的重视程度不高，导致价格听证实践中几乎无意见回应的内容。[2] 因此，未来应当从立法和实践双重视角入手，完善价格听证后的意见回应机制，其核心是明确不履行意见回应义务的法律后果。当前行政机关之所以忽视价格听证后的意见回应，根源在于缺乏对相应法律后果的规定，意见回应义务成为空谈。

---

[1] 王名扬：《美国行政法》（上），中国法制出版社2005年版，第489页。

[2] 李岩："论我国价格听证后意见回应的完善"，载《研究生法学》2014年第5期。

第五章 正当程序：公用事业价格规制的正当性与合法性保障

2. 明确价格听证后的救济途径

西方法谚云："无救济即无权利"。价格调整关涉公民重大利益，价格听证又是其参与价格调整的唯一途径，因此，如果公民对价格听证相关事项不服，应当有提起行政复议或行政诉讼的权利。具体而言，立法应当明确以下内容：①行政复议和行政诉讼的范围。立法首先应当明确对于价格听证中的违法行为，利害关系人有权提起行政复议和行政诉讼，但同时需对行政复议和行政诉讼的范围进行适当限缩。具体而言，利害关系人只能就价格听证中的程序违法问题提起行政复议或行政诉讼，不能就实体问题提起行政复议或行政诉讼。②行政复议和行政诉讼的主体。按照《中华人民共和国行政复议法》和《行政诉讼法》的规定，所有与价格调整有利害关系的主体均可提起行政复议和行政诉讼。按此标准，几乎所有的公民都有权提起行政复议和行政诉讼。当然，为避免滥诉或过多复议、诉讼给复议机关和法院带来压力，对于诉讼请求和事实理由相似的诉讼，复议机关和法院可以合并审理。同时，如果行政复议或行政诉讼主体过多时，可以要求其以集团诉讼的形式提出，以减轻法院的压力。③行政复议和行政诉讼的裁决。如前所述，利害关系人只能就价格听证中的程序违法问题提起行政复议或行政诉讼。因此，行政复议机关和法院也只能依据立法关于行政行为程序违法的规定作出裁决。

第六章

监督与救济：完善价格规制的事后保障机制

如前所述，由于公用事业自身的特殊性，特别是部分非竞争性环节的存在，一定范围的政府定价或者政府指导价仍将在相当长的一段时间内存在。这种非市场调节价可以被视为对市场机制不足的补充，因而有其内在的合理性与正当性。但是，为了防止这种价格规制本身被"俘获"，相应的监督机制和法律救济途径就显得不可或缺了。价格规制监督机制的实施和法律救济途径的完善，可以为价格规制提供事后保障，可以使公用事业价格规制真正发挥正向功能。

第一节 建立规范、透明的公用事业政府补贴制度

公用事业关系国计民生且涉及非常广泛的公共利益，在诸如供水、供电、供气、邮政等领域，甚至还涉及普遍服务问题，要求必须让所有地区的所有公民都能够以承受得起的价格享受公共产品或者公共服务，这就导致了部分公用事业领域的价格偏离市场，因此需要政府予以补贴，否则将难以为继。这是公用事业政府补贴存在的正当性基础。但是，我国公用事业政府补贴在实际运行中也暴露出各种各样的问题，需要采取针对性的完善对策。

第六章 监督与救济：完善价格规制的事后保障机制

一、公用事业政府补贴的正当性

政府补贴本质上是与市场机制相悖的，然而在公用事业领域仍需坚持，这背后存在非常坚实的正当性基础。

首先，政府补贴公用事业是弥补市场失灵的必然选择。按照市场经济理论，市场是实现资源配置的最佳方式。但是，在公用事业领域，政府需要保证所有公众都能够享受公共产品或者公共服务，如果任由市场调节公用事业价格，必然导致部分身处偏远或者贫困地区的公众无法享受公共产品或者公共服务。因此，需要借助政府之手，对市场调节价格予以限制，实行政府定价或者政府指导价，而这种政府定价或者政府指导价实际上可能与市场调节价并不一致，此时就需要政府补贴。由此可见，政府补贴公用事业本质上是弥补市场调节公用事业价格失灵的一种必然选择。

其次，公用事业政府补贴也是实现公用事业有效供给与良性发展的必然要求。如前所述，为了考虑所有公众的承受力，公用事业价格往往低于市场价，因此，如果没有政府补贴，就无法吸引市场主体和社会资本参与其中，进而影响公用事业的有效供给。由于公用事业具有建设周期长、投资额大等特点，政府补贴实际上就成为公用事业持续、有效供给的重要保障。公正合理的财政补贴是公共产品或者公共服务有效供给的重要保证，也是促进公用事业运营模式多样化、降低公用事业建设和运营风险、激励经营企业探索多样化的盈利途径，是加快公用事业市场化进程的有效方式。[1]

最后，公用事业政府补贴也是提高公众福利水平的必然选

---

[1] 李巧茹、马寿峰、魏连雨："城市公交企业与政府博弈研究"，载《系统工程》2004年第6期。

择。政府对公用事业的补贴从表面上看是给提供公共产品或者公共服务的企业，实际上补贴的是社会的全体公众，是对社会财富的一种再分配，因而合理的补贴将有利于提高公众福利水平。同时，科学合理的补贴可以调动市场主体参与公用事业的积极性，激励其提供更加优质的公共产品或者公共服务，长期来看，有利于提高公共产品或者公共服务的质量，是提升公众福利水平的选择。

二、公用事业政府补贴存在的问题

公用事业政府补贴具有如上所述的正当性，是弥补市场失灵的必然选择，也是实现公用事业有效供给与良性发展的必然要求，还是提高公众福利水平的必然选择。但是，在实际运行中，公用事业政府补贴已经暴露出越来越多的问题。

首先，法律依据不充分。我国公用事业政府补贴的依据主要有三类：法律法规的明确规定、政策性文件和行政上的安排。从我国的实际来看，当前公用事业政府补贴还呈现出政策性文件多而法律法规少的局面，且立法层级不高，缺乏足够的法律权威性。

其次，补贴标准不明确。由于不同公用事业领域面临的问题存在差异，如运行成本、亏损情况等都不同，补贴的数额也不相同。但是，到底应当按照何种标准予以补贴呢？这无疑是一个需要明确的问题，否则，政府补贴将不可避免地存在暗箱操作，无法实现对市场失灵的有效弥补。实践中，各领域并未形成科学合理的、明确的补贴标准。以邮政领域为例，当前我国邮政普遍服务补偿几乎处于一种完全不公开、不透明的状态，如何补偿？补偿多少？参照何种标准？这些一直都是谜。

再其次，信息披露不健全。①信息披露不具体，虽然企业年报通常会公布其上一年度获得的政府补贴的金额，但是，其对获得补贴的依据、补贴使用情况等往往不做说明。②信息披露不够及时，影响公众知情权和监督权的行使。由于信息披露不健全，政府补贴缺乏有效的监督。

最后，监督机制不完善。政府补贴作为弥补市场失灵的重要机制，本身也可能存在失灵的问题，因此需要相应的监督机制予以规范和约束。这种监督机制包括事前监督、事中监督和事后监督，但在目前的具体实践中，尚未形成完整的监督机制和监督体系，这可能导致政府利用手中的权力对政府补贴资金随意进行支配，既损害纳税人利益，造成资源浪费，又影响公共产品和公共服务的提供，影响公众福利。

三、公用事业政府补贴的完善

尽管政府补贴在当前公用事业中仍然发挥着重要作用，但是其仍面临着上述不可忽视的突出问题，故需要结合我国实际国情，逐步予以完善。

首先，完善公用事业政府补贴相关立法。当前公用事业政府补贴的依据杂乱无章，政策性文件偏多，法律规定较少。因此，应当逐步加强公用事业政府补贴的立法，并提高立法的位阶。应通过立法，明确公用事业政府补贴的范围、方式、条件、标准等重要内容，逐步用立法替代政策性文件，增强政府补贴的公开性、透明度和权威性。

其次，通过学习和借鉴国外经验，探索科学合理的政府补贴方式，确定科学的政府补贴标准。应当通过相关制度设计，摸清公用事业企业运行的成本，为确定科学的政府补贴标准奠定基础，改变公用事业政府补贴标准模糊、缺乏科学测算依据的现状。

再其次，健全公用事业政府补贴信息披露制度。客观、透明的信息披露是保障公众行使知情权和监督权的前提，应当通过构建规范、统一、公开、透明的公用事业政府补贴信息披露制度，规范政府补贴工作。具体而言，应当明确公用事业政府补贴信息披露的主体、内容、方式、时限等，进而构建一套完善的信息披露制度。

最后，完善公用事业政府补贴监督机制。应通过构建一套完善的公用事业政府补贴监督机制，确保政府补贴数额合理并落到实处，包括事前监督、事中监督和事后监督。在事前监督方面，应当不断优化公用事业成本核算机制，确保政府补贴的合理性。在事中监督方面，应当完善政府补贴资金监督检查制度，采取定期和不定期相结合的方式，进驻企业，监督企业的经营状况以及对政府补贴资金的使用情况。在事后监督方面，应当建立政府补贴资金的绩效考核制度，通过绩效考核，奖励在政府补贴资金使用方面表现优秀的企业，同时为后续的政府补贴工作提供参考。

第二节　完善公用事业价格规制中的法律救济

公用事业价格规制本质上是行政机关行使行政权力的活动，并表现为各种抽象行政行为或者具体行政行为。当这种价格规制权在行使过程中存在违法或者不当，进而侵犯个人权益或者公共利益时，应当赋予相关主体法律救济权。从行政法视角而言，这种救济权主要表现为行政复议与行政诉讼。

第六章　监督与救济：完善价格规制的事后保障机制

一、行政复议与行政诉讼的适用

由于公用事业价格规制本质上是政府规制机构依据法定职权实施的一种行政行为，既可能是一种抽象行政行为，也可能是一种具体行政行为，如果相对人认为这种行政行为侵犯其合法权益，理论上可以提起行政复议与行政诉讼。但是，由于价格规制行为本身比较复杂且涉及一系列复杂的政府决策，这就决定了并不是所有的价格规制行为都能提起行政复议与行政诉讼，因此需要做更加精细的区分。

（一）行政复议与行政诉讼的适用范围

公用事业价格规制涉及一系列行政管理活动，既包括发布价格目录的抽象行政行为，也包括针对价格违法行为的执法行为，是否可以提起行政复议与行政诉讼，需要分而论之。笔者认为，首先需要对价格规制行为的性质进行界定，如果其属于具体行政行为，无疑可以对之提起行政复议与行政诉讼。其次，如果其属于发布决定的抽象行政行为，则不能对之直接提起行政复议与行政诉讼。最后，特定情况下，根据法律规定，相对人可以对该抽象行政行为提起附带审查。

（二）行政复议与行政诉讼的提起主体

公用事业价格规制中行政复议与行政诉讼的提起主体，通常应当是权益受到价格规制行为影响的行政相对人，既可以是个人，也可以是法人或者其他非法人组织。例如，如果公用事业企业认为价格规制机构违法确定公共产品或者公共服务的价格、不及时或者不按规定发放政府补贴资金等，都可以依法提起行政复议或者行政诉讼。但是，如果公众认为价格规制机构对公共产品或者公共服务的定价不合法或者不合理，能否提起行政复议与行政诉讼呢？笔者认为，此种情况下，如果由公众个人提起行政复议或者行政诉讼，会引发大量同类诉讼，浪费司法资源，因此可以考虑引入行政公益诉讼。

二、行政公益诉讼的引入

由于公用事业涉及广大公众切身利益，波及面极广，当价格规制行为作为一种抽象行政行为出现并影响所有公众利益时，现有行政复议法与行政诉讼法通常将其排除出受案范围。这种立法选择，虽然有一定的合理性，但是就保护公众合法权益而言，显然是存在一定不足的，因为这背后是以公众集体利益受损为代价的，也可以视为公共利益的损失。因此，笔者认为，可以考虑引入行政公益诉讼，由检察院或者消费者协会等组织作为原告，对价格规制机构提起行政公益诉讼，保护社会公众的合法权益。

结 论

价格作为公用事业领域中一个极为敏感的话题，如何开展有效规制，既是一个重大的理论问题，也是一个重要的实践问题。传统严格的价格规制理念和方式，基本实现了公用事业服务和产品的提供，但是，随着现代市场经济的快速发展，这种严格规制的思路已经不符合公用事业发展的趋势。如何充分利用价格这种较为符合市场需求的手段，激发公用事业的活力，是我国公用事业改革过程中必须面对的问题。

价格规制是一个系统工程，公用事业价格规制尤其复杂，需要考虑价格本身所引发的诸多问题。从行政法视角而言，应当重点从规制理念、规制主体、规制方式和规制程序等方面入手，按照法治的要求，构建一套符合我国公用事业改革实际需求的价格规制体系。

实现公用事业价格规制转型，首先需要进行理念革新和接受市场化转型，实现从传统严格价格规制到现代放松规制的转变，并努力实现从以公共利益为中心到公共利益与私人利益的平衡，正确认识政府与市场之间的关系，充分发挥市场在价格规制中的决定性作用。在规制主体方面，应当构建独立、公正、权威的公用事业价格规制机构，在充分比较合并型、独立型和隶属型三种模式之间优劣的基础上，结合我国实际，选择一种更加符合我国实际需要的价格规制机构设置模式；在规制方式上，应当改变传统的以政府定价为主、政府指导价为辅的模式，实行市场调节价为主、政府指导价为辅的定价模式,逐步取消政府定价模式和减少政府指导价的适用范围,并充分发挥反垄断和反不正当竞争等规制方式的作用;在规制程序方面,要注重公用事业价格规制的正当性与合法性,明确正当程序在价格规制中的重要作用,特别是注意强化价格规制中的信息公开和保障公众参与,完善价格规制中的价格听证制度。

参考文献

一、中文著作

1. 翁岳生编:《行政法》(上、下册),中国法制出版社 2009 年版。
2. 王名扬:《美国行政法》(上、下),中国法制出版社 2005 年版。
3. 王名扬:《英国行政法》,北京大学出版社 2007 年版。
4. 罗豪才主编:《行政法学》,北京大学出版社 2006 年版。
5. 姜明安主编:《行政法与行政诉讼法》(第六版),北京大学出版社、高等教育出版社 2015 年版。
6. 苏力等:《规制与发展——第三部门的法律环境》,浙江人民出版社 1999 年版。
7. 周汉华:《政府监管与行政法》,北京大学出版社 2007 年版。
8. 姜明安、余凌云主编:《行政法》,科学出版社 2010 年版。
9. 杨海坤、章志远:《中国行政法基本理论研究》,北京大学出版社 2004 年版。
10. 刘戒骄等:《公用事业:竞争、民营与监管》,经济管理出版社 2007 年版。
11. 肖兴志等:《公用事业市场化与规制模式转型》,中国财政经济出版社 2008 年版。
12. 邢鸿飞、徐金海:《公用事业法原论》,中国方正出版社 2009 年版。
13. 曲延芬编著:《中国自然垄断产业的产权改革与政府规制政策选择》,哈尔滨工程大学出版社 2007 年版。
14. 周林军:《公用事业管制要论》,人民法院出版社 2004 年版。
15. 王湘军:《电信业政府监管研究——行政法视角》,知识产权出版社 2009

年版。

16. 陈富良：《放松规制与强化规制》，上海三联书店 2001 年版。
17. 王俊豪：《政府管制经济学导论——基本理论及其在政府管制实践中的应用》，商务印书馆 2001 年版。
18. 茅铭晨：《政府管制法学原论》，上海财经大学出版社 2005 年版。
19. 王健等：《中国政府规制理论与政策》，经济科学出版社 2008 年版。
20. 邹积亮：《市场经济条件下的价格管制研究》（第 2 辑），经济科学出版社 2012 年版。
21. 史璐：《价格管制理论与实践研究》，知识产权出版社 2012 年版。
22. 胡寄窗：《政治经济学前史》，辽宁人民出版社 1988 年版。
23. 岳松、陈昌龙主编：《财政与税收》，清华大学出版社、北京交通大学出版社 2008 年版。
24. 成致平：《价格改革若干大事聚焦》，中国物价出版社 2002 年版。
25. 赵小平主编：《价格管理实务》，中国市场出版社 2005 年版。
26. 马英娟：《政府监管机构研究》，北京大学出版社 2007 年版。
27. 尹少成：《邮政业监管的行政法研究》，中国政法大学出版社 2016 年版。
28. 应松年主编：《行政程序法》，法律出版社 2009 年版。
29. 刘学敏：《中国价格管理研究——微观规制和宏观调控》，经济管理出版社 2001 年版。
30. 王俊豪主笔：《中国政府管制体制改革研究》，经济科学出版社 1999 年版。
31. 张卓元主编：《新价格模式的建立与市场发育的关系》，经济管理出版社 1996 年版。
32. 胡峰、曹荣光：《我国自然垄断行业价格规制研究》，中国经济出版社 2015 年版。
33. 吕忠梅、陈虹、彭晓晖：《规范政府之法——政府经济行为的法律规制》，法律出版社 2001 年版。
34. 侯怀霞、张慧平：《市场规制法律问题研究》，复旦大学出版社 2011 年版。
35. 陈新民：《德国公法学基础理论》（下册），山东人民出版社 2000 年版。

36. 章剑生:《现代行政法专题》,清华大学出版社 2014 年版。
37. 尹少成:《价格听证制度研究——行政法与法经济学的双重视角》,中国政法大学出版社 2017 年版。
38. 杨惠基主编:《听证程序理论与实务》,上海人民出版社 1997 年版。
39. 王文娟、宁小花:《听证制度与听证会》,中国人事出版社 2011 年版。
40. 刘大伟:《公用事业价格听证中消费者参与的法经济学研究》,法律出版社 2010 年版。
41. 王含春、李孟刚:《我国电力产业价格规制改革研究》,经济科学出版社 2012 年版。
42. 柳学信:《城市公用事业价格与财政补贴研究》,中国社会科学出版社 2019 年版。
43. 杨娟等:《构建垄断环节现代化价格规制体系》,中国计划出版社 2020 年版。
44. 张希栋:《中国天然气价格规制改革与政策模拟》,上海社会科学院出版社 2020 年版。

二、中文译著

1. [美] E. 博登海默著,邓正来译:《法理学:法律哲学与法律方法》,中国政法大学出版社 1999 年版。
2. [美] 丹尼尔·F. 史普博著,余晖等译:《管制与市场》,上海三联书店、上海人民出版社 1999 年版。
3. [美] 乔治·J. 施蒂格勒著,潘振民译:《产业组织和政府管制》,上海三联书店 1989 年版。
4. [英] 安东尼·奥格斯著,骆梅英译:《规制:法律形式与经济学理论》,中国人民大学出版社 2008 年版。
5. [英] 卡罗尔·哈洛、理查德·罗林斯著,杨伟东等译:《法律与行政》(上卷),商务印书馆 2004 年版。
6. [美] 约翰·伊特韦尔、默里·米尔盖特、彼得·纽曼编,陈岱孙主编译:《新帕尔格雷夫经济学大辞典》(第四卷:Q-Z),经济科学出版社

1992年版。

7. ［日］植草益著，朱绍文等译:《微观规制经济学》，中国发展出版社1992年版。

8. ［美］史蒂芬·布雷耶著，李洪雷等译:《规制及其改革》，北京大学出版社2008年版。

9. ［美］W.吉帕·维斯库斯、约翰·M.弗农、小约瑟夫·E.哈林顿著，陈甬军等译:《反垄断与管制经济学》（原书第3版），机械工业出版社2004年版。

10. ［德］何梦笔主编，庞健、冯兴元译:《德国秩序政策理论与实践文集》，上海人民出版社2000年版。

11. ［美］保罗·萨缪尔森、威廉·诺德豪斯著，萧琛主译:《经济学》（第19版），商务印书馆2013年版。

12. ［美］詹姆斯·M.布坎南著，平新乔、莫扶民译:《自由、市场与国家——80年代的政治经济学》，上海三联书店1989年版。

13. ［美］A.爱伦·斯密德著，黄祖辉等译:《财产、权力和公共选择——对法和经济学的进一步思考》，上海三联书店、上海人民出版社1999年版。

14. ［美］约翰·罗尔斯著，何怀宏、何包钢、廖申白译:《正义论》，中国社会科学出版社1988年版。

15. ［美］弗里德曼著，高鸿钧等译:《选择的共和国：法律、权威与文化》，清华大学出版社2005年版。

16. ［德］汉斯·J.沃尔夫、奥托·巴霍夫、罗尔夫·施托贝尔著，高家伟译:《行政法》（第二卷），商务印书馆2002年版。

17. ［德］奥托·迈耶著，刘飞译:《德国行政法》，商务印书馆2002年版。

18. ［日］盐野宏著，杨建顺译:《行政法》，法律出版社1999年版。

19. ［英］威廉·韦德著，徐炳等译:《行政法》，中国大百科全书出版社1997年版。

20. ［德］哈特穆特·毛雷尔著，高家伟译:《行政法学总论》，法律出版社2000年版。

21. [美] 理查德·B. 斯图尔特著,沈岿译:《美国行政法的重构》,商务印书馆 2002 年版。

三、中文论文

1. 董炯:"政府管制研究——美国行政法学发展新趋势评介",载《行政法学研究》1998 年第 4 期。
2. 周汉华:"行业监管机构的行政程序研究:以电力行业为例",载《经济社会体制比较》2004 年第 2 期。
3. 周汉华:"独立监管与大部制的关系",载《公法研究》2007 年。
4. 马英娟:"监管的语义辨析",载《法学杂志》2005 年第 5 期。
5. 余晖:"政府管制改革的方向",载《战略与管理》2002 年第 5 期。
6. 曾国安:"论经济管制与宏观经济调控的关系",载《经济评论》2003 年第 1 期。
7. 高世楫、秦海:"从制度变迁的角度看监管体系演进:国际经验的一种诠释和中国改革实践的分析",载吴敬琏、江平主编:《洪范评论》(第 2 卷第 3 辑),中国政法大学出版社 2005 年版。
8. 宋华琳:"加强事中事后监管 推动市场监管体系的改革与创新",载《中国工商管理研究》2015 年第 11 期。
9. 郑毅:"现代行政法视野下的约谈——从价格约谈说起",载《行政法学研究》2012 年第 4 期。
10. 王永治:"敢于变革 敢于创新 推进价格改革深化——价格改革 30 年的回顾与展望",载《经济研究参考》2008 年第 50 期。
11. 陈勇:"新中国价格管理体制改革的历史回顾与前瞻",载《改革与开放》2010 年第 20 期。
12. 蒋和胜、蒙琳:"我国价格改革三十年的回顾与前瞻",载《天府新论》2009 年第 3 期。
13. 王学庆、杨娟:"三十年价格体制改革的历程、成就与经验",载《中国物价》2008 年第 9 期。
14. 马凯:"中国价格改革 20 年的历史进程和基本经验",载《价格理论与实践》1999 年第 1 期。

15. 国家发展和改革委员会价格司："可贵的探索 成功的实践——近五年价格工作概述"，载《价格理论与实践》2008 年第 3 期。
16. 刘戒骄："我国公用事业运营和监管改革研究"，载《中国工业经济》2006 年第 9 期。
17. 李双元、蒋新苗、蒋茂凝："中国法律理念的现代化"，载《法学研究》1996 年第 3 期。
18. 史尚宽："法律之理念与经验主义法学之综合"，载潘维和等：《中西法律思想论集》，汉林出版社 1984 年版。
19. 戚聿东、范合君："放松规制：中国垄断行业改革的方向"，载《中国工业经济》2009 年第 4 期。
20. 岳伟、鲍宗豪："改革开放 40 年我国政府与市场的关系实践及理论探索——以重要政策文献的表述变化为分析主线"，载《企业经济》2018 年第 8 期。
21. 郎佩娟："政府干预经济的原则与界限"，载《中国政法大学学报》2018 年第 4 期。
22. 宋华琳："美国行政法上的独立规制机构"，载《清华法学》2010 年第 6 期。
23. 肖兴志："中国垄断性产业规制机构的模式选择"，载《山东经济》2009 年第 2 期。
24. 赵儒煜："论传统市场理论价格机制的局限性"，载《河南大学学报（社会科学版）》2018 年第 5 期。
25. 张永刚、彭正龙、罗能钧："我国市政公用事业价格管制模式探讨"，载《价格理论与实践》2005 年第 12 期。
26. 许光建、丁悦玮："深入推进价格改革 着力提升'放管服'水平——十八大以来价格改革的回顾与展望"，载《价格理论与实践》2017 年第 5 期。
27. 史际春、肖竹："论价格法"，载《北京大学学报（哲学社会科学版）》2008 年第 6 期。

28. 耿宝建、周觅："政府信息公开领域起诉权的滥用和限制——兼谈陆红霞诉南通市发改委政府信息公开案的价值"，载《行政法学研究》2016年第3期。
29. 章志远："价格听证困境的解决之道"，载《法商研究》2005年第2期。
30. 叶必丰："价格听证中的信息不对称及其解决思路"，载《上海交通大学学报（哲学社会科学版）》2004年第3期。
31. 杨海坤："关于行政听证制度若干问题的研讨"，载《江苏社会科学》1998年第1期。
32. 中国价格学会写作组："价格改革二十年"，载《价格理论与实践》1998年第12期。
33. 彭宗超、薛澜："政策制定中的公众参与——以中国价格决策听证制度为例"，载《国家行政学院学报》2000年第5期。
34. 李荣华："听证程序与行政决策民主化"，载《中国行政管理》1999年第8期。
35. 尚英才："一次意义深远的探索——由邯郸市物价局试行'收费标准听证会'引起的思考"，载《价格理论与实践》1997年第5期。
36. 李平、易金蓉："当阳市举行自来水价格听证会"，载《价格月刊》1997年第10期。
37. 胡仙芝："'听证会'如何才能在中国扎根：听证乱象与公众参与危机"，载《人民论坛》2013年第15期。
38. 王万华："我国政府价格决策听证制度缺陷分析"，载《上海政法学院学报》2005年第4期。
39. 石佑启："行政听证笔录的法律效力分析"，载《法学》2004年第4期。
40. 杨惠基："试论听证主持人"，载《行政法学研究》1998年第2期。
41. 谭波、李晓沛："论《政府制定价格听证办法》的缺陷与完善"，载《昆明理工大学学报（社会科学版）》2009年第4期。
42. 李岩："论我国价格听证后意见回应的完善"，载《研究生法学》2014年第5期。
43. 陶小马、黄治国："公用事业定价理论模式比较研究"，载《价格理论与实践》2002 年第 7 期。

44. 刘辉："市场化进程中城市公用事业定价模式的选择"，载《价格理论与实践》2008 年第 8 期。

45. 李眺、夏大慰："公用事业的多产品定价与政府规制：由上海观察"，载《改革》2008 年第 4 期。

46. 马进、谢巧燕："市场化进程中我国公用事业定价机制设计"，载《社会科学家》2010 年第 6 期。

47. 肖兴志："中国公用事业规制改革模式的总体评价——兼论下一步价格规制改革的基本思路"，载《价格理论与实践》2013 年第 8 期。

48. 史际春："论公用型资源产品价格的法律规制"，载《社会科学》2015 年第 7 期。

49. 赵全新："关于公用事业价格成本监审若干问题的思考"，载《价格理论与实践》2017 年第 11 期。

50. 赵全新："公用事业价格规制改革问题的思考——以浙江省杭州市为例"，载《发展改革理论与实践》2017 年第 7 期。

51. 付金存："公私合作制下城市公用事业价格规制的目标体系、关键问题与政策设计"，载《新疆大学学报（哲学·人文社会科学版）》2017 年第 6 期。

52. 张国运："对我国公用事业产品定价机制的思考"，载《辽宁经济》2019 年第 6 期。

四、报刊、网络类

1. 王奔烟："谁该为水污染出钱——读者对拟议中自来水费涨价的质疑"，载《长江日报》2001 年 7 月 5 日。

2. 王文坚、吾宁生："价格听证会焉能'凭感觉'"，载《扬子晚报》2000 年 10 月 17 日。

3. 赵承、徐清扬："请大众参与——广东省 2002 年春运公路客运价格听证会透视"，载 https://www.cctv.com/special/375/2/31752.html，最后访问日期：2021 年 12 月 31 日。

4. "'快闪'听证会不如不要",载《法制日报》2015年9月6日,第2版。
5. 周理松:"专家何以沦为'砖家'",载《检察日报》2015年8月12日,第7版。

五、外文著作及论文

1. *Webster's Unabridged Dictionary*, Random House, 1998.
2. James C. Bonbright, *Principles of Public Utility Rates*, Columbia University Press, 1961.
3. Kahn, A. E. , *The Economics of Regulation: Principles and Institutions*, Wiley, Vol. 1, 1970.
4. Paul Seidenstat, *American's Water and Wastewater Industries*, Public Utilities Reports, Inc. , 2000.
5. Sanford V. Berg, *Natural Monopoly Regulation: Principles and Practice*, Cambridge University Press, 1988.
6. Keith M. Howe, Eugene F. Rasmussen, *Public Utility Economics and Finance*, Prentice Hall, Inc. , 1982.
7. Richard F. Hirsh, *Power Loss: The Origins of Deregulation and Restructuring in the American Utility System*, The MIT Press, 1999.
8. Stigler, G. J. , "The Theory of Economic Regulation", *Bell Journal of Economics and Management Science*, Vol. 2, No. 1, 1971.
9. Mitnick, B. M. , *The Political Economy of Regulation*, Columbia University Press, 1980.
10. Ripley, R. , Franklin, G. , *Policy Implementation and Bureaucracy*, 2nd ed. , Dorsey Press, 1986.
11. Meier, K. J. , *Regulation: Politics, Bureaucracy, and Economics*, St. Martins Press, 1985.
12. Laura Macgregor, Tony Prosser and Charlotte Villiers eds. , *Regulation and Market Beyond 2000*, Dartmouth and Ashgate, 2000.
13. OMB and OIRA, *The Regulatory Plan and the Unified Agenda of Federal Regu-*

lations, Government Printing Office, 2001.
14. Florence A. Heffron, *The Administrative Regulatory Process*, Longman, 1983.
15. R. A. Musgrave, *Public Finance in Theory and Practice*, McGraw-Hill, 1984.
16. Sam Peltzman, "Toward a More General Theory of Regulation", *Journal of Law and Economics*, Vol. 19, No. 2, 1976.
17. Winston, C., "Economic Deregulation: Days of Reckoning for Microeconomists", *Journal of Economic Literature*, Vol. 31, No. 3, 1993.
18. Christopher G. Reddick, "IRCs Versus DRAs: Budgetary Support for Economic and Social Regulation", *Public Budgeting & Finance*, Winter, 2003.

后 记

本书是在我承担的国家社科基金项目最终研究成果基础上修改而成的。我算是很幸运的，2014年博士毕业后第一次申请国家社科基金就获批了，而且还是以博士后的身份。究其原因，或许是选题兼具了法学与经济学内容的缘故。总归我从内心很感恩这份幸运，告诫自己运气总是留给有准备的人，必须努力、踏实、认真地做人做事。

然而，课题研究本身并没有想象中那么轻松，价格问题远比想象中复杂，况且公用事业本身亦是一个非常复杂的问题。公用事业与公共利益和社会稳定密切相关，保障公共产品和服务持续稳定供给是各级政府的重要职责，因而公用事业的价格就不能完全由市场决定。但是，随着公用事业改革的不断深入，公众对各类公共产品和服务提出了更高的要求，这就要求引入市场机制的力量以激发公用事业领域的活力。因此，公用事业领域的定价实际上需要平衡好政府与市场之间的关系，而这个平衡点的把握，对公用事业价格规制提出了极大的挑战，需要我们从价格规制理念、规制主体、规制方式、规制程序、规制监督与救济等方面入手，不断提高公用事业价格规制的水平。基于此，笔者主要从上述五个方面，尝试构建起我国公用事业价格规制的法律框架。

本书的顺利完成需要感谢很多人：赵鹏、王轩、杨帆、曾文远等课题组成员为课题立项提供了重要支持，没有他们的参与和支持，就没有课题立项，当然也就没有本书了。首都经济贸易大学法学院的领导和老师们多年来对我的关心、支持和帮助，是课题能够顺利结项的重要保障，如果课题不能顺利结项，本书的出版可能也将遥遥无期，所以必须感谢他们。

但是，最需要感谢的还是我的家人，因为他们才是始终陪伴并默默支持我的人。夫人李晓果女士始终是我学术和工作上最坚定的支持者，无论我何时加班、加班到何时，都毫无怨言。岳父母则是数年如一日地照顾小孩，准点开饭，为我提供尽可能好的后勤保障。父母虽然未时刻在身旁，但那些快递到北京的各种家乡特产，代表的就是他们的关心与支持。多年来，我始终在向四老灌输，你们的身体健康，就是对儿女最大的支持和帮助。看到他们越来越相信并不断落实到行动之中，我非常感激和感动。儿子远航基本是伴随国家社科基金项目立项出生的，正在非常活泼、健康地成长着，如今项目已经顺利结项，且获评"良好"等级，远航的路则才刚刚开始，他永远是我前进的动力之源。

每当工作疲惫，推开家门，被儿子拉着玩，回归儿童的世界，似乎一切疲劳都烟消云散，他是我最好的疲劳缓解剂。所以，我时常提醒自己，无论是学术还是工作，都是身外之物，再忙每年都要带家人外出旅游，尽量每天都能抽出时间陪陪孩子。事实上，这看似简单的一点要求，对于在北京打拼的"京一代"而言并不容易，我不希望这成为一种奢求，而希望自己能够始终保持生活的本真，善待自己、善待家人，这样才不至

后　记

于迷失自己。

最后，感谢中国政法大学出版社的编辑老师，他们的专业、认真是本书得以顺利出版的重要保障。

尹少成

2021 年 9 月 1 日于万年花城寓所